Karl Neef

Sonntagskuchen & Festtagstorten

Karl Neef
Sonntagskuchen & Festtagstorten

Konditorrezepte zum Selbermachen

Impressum

4 3 2 1 | 2009 2008 2007 2006

© 2006 Walter Hädecke Verlag, Weil der Stadt
www.haedecke-verlag.de

Alle Rechte vorbehalten, insbesondere die der Übersetzung, der Übertragung durch Bild- und Tonträger, der Speicherung und Verbreitung in Datensystemen, der Fotokopie oder Reproduktion durch andere Vervielfältigungssysteme, des Vortrags und der fotomechanischen Wiedergabe. Nachdruck, auch auszugsweise, nur mit Genehmigung des Verlages.

Die Rezepte des Buches wurden aktualisiert und sind früher in zwei Büchern erschienen („52 Sonntagskuchen", ISBN 3-7750-0179-4 und „36 Festtagstorten", ISBN 3-7750-0233-2).

Lektorat: Monika Graff
Titelbild, Food- und Stepfotos: Bruno Hausch, Ascona; bis auf die Foodfotos
der Seiten 44, 64, 68, 96, 106, 110, 116, 128, 130, 136 und 154: Studio Meßberger, Nürnberg
Gestaltung: nett & artig, Julia Graff, Düsseldorf
Satz & Repro: Lithotronic Media GmbH, Frankfurt/Main

ISBN-10: 3-77850-0482-3
ISBN-13: 978-37780-0482-4

Printed in EU

Abkürzungen

Msp – Messerspitze
TL – Teelöffel
EL – Esslöffel
gestr. – gestrichen
geh. – gehäuft
g – Gramm
kg – Kilogramm
Pck – Päckchen
ml – Milliliter (1/1000 Liter)
cl – Centiliter (1/100 Liter)
l – Liter

Zubereitungszeiten

Damit der zeitliche Aufwand für die Rezepte besser eingeschätzt werden kann, wurden alle Rezepte mit Informationen über die Zubereitungszeit versehen.

🕐 maximal 1 Stunde

🕐 🕐 1 bis 3 Stunden

🕐 🕐 🕐 über 3 Stunden

+ über Nacht hier muss eingeplant werden, dass z.B. Tortenböden über Nacht
im Backofen getrocknet werden müssen.

Über den Autor

Wer in Nürnberg Torten und feines Gebäck liebt, dem ist die im Herzen des Stadt gelegene Confiserie ein Begriff – geführt von Karl Neef und seiner Frau Ingrid. Der gebürtige Nürnberger, Jahrgang 1943, sammelte kulinarisch internationale Erfahrungen zu Wasser (Holland-Amerika-Linie) und zu Land (in der Schweiz und in Amsterdam) – also überall da, wo man mit Süßigkeiten, insbesondere Schokolade, gut umzugehen weiß.
Seine Kreationen machen ihn zu einem der ideenreichsten Konditoren Deutschlands, seine »Nürnberger Lebkuchen« sind in aller Welt begehrt und werden seit einigen Jahren immer wieder mit der Goldmedaille des Landesinnungsverbands des bayerischen Konditorenhandwerks ausgezeichnet. Das Gourmetmagazin *VIF* nannte ihn den besten Lebkuchenbäcker im Land und der *stern* schrieb, er sei der Star unter den Lebküchnern.
Karl Neef ist kein Geheimniskrämer. Jahrelang gab er in der IHK als Obermeister sein Wissen an angehende Konditoren weiter und heute ist er Ehrenobermeister in der Region Mittelfranken. Wer ihn um Rat bittet, erfährt bereitwillig Tipps und Tricks aus der Backstube und mit den hier veröffentlichten Rezepten möchte er seine Leserinnen und Leser ermutigen, mit Genuss neue Kuchen und Torten auszuprobieren.

Inhaltsverzeichnis

Grundrezepte

Hefeteig – leichter Hefeteig
– schwerer Hefeteig 8
Buttermürbeteig 10
Sandmasse 11
Biskuitmasse 12
Schokoladen-Mousse 13
Buttercreme 14
Kuvertüre 15
Marzipanrosen 16
Mengen und Gewichte 17

Sonntagskuchen

Hefekuchen:
Hefezopf 18
Osterkranz 20
Osterkranz 22
Gugelhupf 24
Bienenstich 26
Gutsherrn-Apfelkuchen 28
Butterstreusel 30
Erntedank-Kuchen 32
Herbstkuchen 34
Butterkuchen 36
Omas Kirschblech 38
Zwetschgendatschi 40
Zwetschgenbuchteln 42
Christstollen 44

Mürbeteigkuchen:
Käsekuchen 46
Kirsch-Käsekuchen 48
Aprikosen-Mandelkuchen 50

Schwäbischer Apfelkuchen 52
Preiselbeerkuchen 54
Aprikosen-Rahmkuchen 56
Zwetschgenfleck 58
Himbeerkuchen 60
Gedeckter Apfelkuchen 62
Florentiner Kirschkuchen 64
Sächsische Rhabarberschnitte 66

Sandkuchen:
Sandkuchen 68
Glasierter Pfirsichkuchen 70
Pflaumensandkuchen 72

Biskuitkuchen:
Quarkschnitte 74
Erdbeerkuchen
(oder Himbeerkuchen) 76
Erdbeerroulade 78

Rührteigkuchen:
Marmorkuchen 80
Schlesischer Mohnkranz 82
Ingwerkuchen 84
Nürnberger Gewürzkuchen 86

Sonstige Kuchen:
Beschwipster Orangenkranz 88
Rhabarberstrudel/Apfelstrudel 90
Brombeertörtchen 92
Fränkisches Kirschenmännla 94
Herz zum Verschenken 96
Bayerischer Johannisbeergugelhupf . 98

Inhaltsverzeichnis

Festtagstorten

Sahnetorten:
Champagner-Sahnetorte ... 100
Mokka-Sahnetorte ... 102
Preiselbeer-Sahnetorte ... 104
Bananen-Schokoladentorte ... 106
Walnuss-Sahnetorte ... 108
Böhmische Nusstorte ... 110
Schokoladen-Sahnetorte mit Birnen ... 112
Herbst-Blätter-Sahnetorte ... 114
Mousse au Chocolat-Torte
mit Erdbeeren ... 116
Schwarzwälder Kirschtorte ... 118
Heidelbeertraum ... 120
Pralinentorte ... 122
Wachauer Mohn-Sahnetorte ... 124
Orangentraum ... 126
Whiskytorte ... 128

Cremetorten:
Florentiner Torte ... 130
Cointreautorte ... 132
Nougattorte ... 134
Rum-Schokoladentorte ... 136
Silvester-Torte ... 138
Hochzeitstorte ... 140

Obsttorten:
Sommerbeeren-Torte ... 142
Tutti Frutti ... 144
Maibombe ... 146
Wiener Birnentorte ... 148
Mango-Käse-Sahnetorte ... 150
Apfel-Rum-Sahnetorte ... 152

Himbeer-Joghurt-Sahnetorte ... 154
Johannisbeer-Schaumtorte ... 156
Rhabarber-Baisertorte ... 158
Pfirsich-Cognac-Sahnetorte ... 160

Sonstige Torten:
Linzer Torte ... 162
Sachertorte ... 164
Punschtorte ... 166
Fürst-Pückler-Eistorte ... 168

Rezeptverzeichnis ... 170

Grundrezepte

Hefeteig

Mengenangaben: siehe Rezepte

Man unterscheidet im Wesentlichen zwei Arten Hefeteig: einen leichten und einen schweren.
Der *leichte Hefeteig* wird für alle Blechkuchen verwendet. Unter Blechkuchen versteht man einen ausgerollten Teig mit Frucht-, Butter- oder Mandelbelag. Zum Beispiel: Zwetschgen- und Kirschkuchen auf Hefeteig, Bienenstich oder Butterkuchen, um nur einige zu nennen.
Die Beschaffenheit des Teiges ist locker und leicht, geschmacklich dominierend ist in diesen Fällen der Belag.
Die Herstellung ist schnell und unproblematisch. Die Milch wird etwas angewärmt und die Hefe darin aufgelöst. Alle anderen Zutaten kommen dazu und mit den Knethaken der Küchenmaschine wird der Teig geknetet, bis er Blasen schlägt. Eine Ruhezeit (möglichst an einem warmen, zugfreien Ort) von mindestens 30 Minuten ist erforderlich, damit er entspannen und gehen kann. Der Teig wird für diese Zeit mit einem Tuch abgedeckt, damit er keine Haut bekommt.

Der *schwere Hefeteig* enthält bedeutend mehr Butter, das beste Beispiel ist der »Weihnachtsstollen« oder das »Osterbrot«. Die Zubereitungszeit ist länger, aber nicht schwieriger. Die Milch wird angewärmt und die Hefe darin aufgelöst. Mit einem Teil des Mehls wird ein dicker Brei angerührt. Dieser Vorteig, auch »Dampferl« genannt, muss an einem warmen, zugfreien Ort mit einem Tuch abgedeckt gehen. Im Durchschnitt dauert das 10–15 Minuten, bis an der Oberfläche kleine Blasen entstehen. In der Zwischenzeit wird die zimmerwarme Butter mit dem Zucker, dem Salz, den Eiern, Zitrone und Vanille mit der Küchenmaschine schaumig gerührt. Anschließend werden alle Zutaten, Vorteig, die schaumige Buttermischung und das restliche Mehl zu einem Teig verarbeitet. Am besten geschieht das mit den Knethaken der Küchenmaschine bzw. des elektrischen Handrührgeräts. Ist der Teig glatt, wird er auf die Tischplatte gelegt und kräftig durchgeknetet bzw. geschlagen. Mit einem Tuch abgedeckt muss er mindestens 60 Minuten ruhen. Hierfür gibt es zwei Möglichkeiten: Die »warme Führung«, bei der der Hefeteig an einem warmen, zugfreien Ort geht, oder die »kalte Führung« im Kühlen oder im Kühlschrank (z.B. beim Hefezopf, Seite 19).

Grundrezepte

Leichter Hefeteig

1 Milch anwärmen, Hefe darin auflösen.

2 Alle Zutaten dazugeben und mit dem Knethaken der Küchenmaschine zu einem Teig verarbeiten.

Schwerer Hefeteig

1 Milch anwärmen, Hefe darin auflösen, etwas Mehl zugeben und zu einem Brei anrühren.

2 Hefestück oder »Dampferl« mit einem Tuch abdecken und gehen lassen, bis kleine Blasen entstehen.

3 Alle übrigen Zutaten ohne das restliche Mehl mit einer Küchenmaschine schaumig rühren.

4 Buttermasse, Vorteig und das restliche Mehl zu einem Teig kneten.

5 Den Teig mit einem Tuch abdecken und ca. 60 Minuten ruhen lassen, danach je nach Verwendungszweck oder dem Rezept entsprechend weiter verarbeiten.

Grundrezepte

Buttermürbeteig

Mengenangaben: siehe Rezepte

Die Grundlage vieler Kuchen, ob dicker oder dünner ausgerollt, ist der Mürbeteig. Wie der Name schon sagt: mürb, zart und von edlem Geschmack soll er sein. Frische Butter und das Mark der Vanilleschote sind die beiden Rohstoffe, die diesen Teig zum Genuss werden lassen.

Die Herstellungsweise ist sehr einfach.
Drei Möglichkeiten bieten sich an, wobei zu empfehlen ist, von der gewohnten Herstellungsweise nicht abzuweichen.
Für alle gilt zuerst: die angegebene Menge Mehl abwiegen, auf die Tischplatte geben und einen Kranz formen.
Dann:
• Butter, Zucker, Salz. Eier und/oder Eigelb, Vanille und Zitrone (bei manchen Rezepten etwas Milch) mit der Küchenmaschine glatt rühren. Mit einem Teigschaber aus der Schüssel nehmen, in die Mitte des Mehlkranzes geben und zu einem Teig kneten.
• *Oder* nur die Butter mit Zitrone und Vanille glatt rühren und in die Mitte des Mehlkranzes geben. Zucker, Salz. Eier und/oder Eigelb, eventuell Milch zugeben und mit dem Mehl zu einem Teig kneten.
• *Oder* alle Zutaten in die Mitte des Mehlkranzes geben und mit der Hand zu einem Teig kneten.

Nach 1/2–1 Stunde im Kühlschrank lässt sich der Teig problemlos verarbeiten.

1 Alle Zutaten mit einer Küchenmaschine glattrühren, danach in den Mehlkranz geben und zu einem Teig kneten.

2 *Oder* Butter, Zitrone und Vanille mit einer Küchenmaschine glattrühren, in den Mehlkranz geben und mit den übrigen dazugewogenen Zutaten zu einem Teig kneten.

3 *Oder* Mehlkranz bilden, alle restlichen Zutaten abwiegen, in die Mitte geben und von Hand, zuerst Butter, Zucker, Eier vermischen, dann mit dem Mehl zu einem Teig verarbeiten.

Grundrezepte 11

Sandmasse

Mengenangaben: siehe Rezepte

Zimmerwarme Butter in eine Schüssel geben. Mit einer Küchenmaschine glatt rühren. Zucker, Eier bzw. Eigelb, Vanille, Zitrone und Salz zugeben und gut verrühren. Mit dem Kochlöffel das Mehl, in manchen Fällen zusätzlich durchgesiebte Speisestärke darunterheben.
Je nach Rezept wird die Masse schaumig oder nur glattgerührt. Bitte genau beachten!

Der Unterschied zwischen Sand- und Biskuitmasse besteht darin, dass die Sandmasse einen hohen Butteranteil und die Biskuitmasse einen hohen Eieranteil hat.

1 Glattrühren.

2 Zucker und Eier, Vanille, Zitrone und Salz zugeben.

3 Mehl unterheben.

Grundrezepte

Biskuitmasse

Mengenangaben: siehe Rezepte

Eier, Zucker, Vanille und die Zitrone in eine Schüssel oder einen Schlagkessel geben. Die Schüssel in ein Wasserbad setzen und die Zutaten mit dem Schneebesen aufschlagen. Dadurch wird die Bindung der Eier-Zuckermischung besser und das Endprodukt leichter und lockerer. Selbstverständlich ist es auch möglich, die Eier und den Zucker von Anfang an kalt mit dem Schneebesen der Rührmaschine aufzuschlagen.
Mit einem Kochlöffel wird das Mehl untergehoben und je nach Rezept zum Schluss die flüssige warme Butter.

1 Eier, Zucker, Vanille und Zitrone mit dem Schneebesen im Wasserbad warmschlagen. Dies ergibt …

2 …eine lockere und leicht aufgeschlagene Eiermasse.

3 *Oder* Eier, Zucker, Vanille und Zitrone mit der Küchenmaschine kalt aufschlagen.

4 Mehl mit dem Kochlöffel unterheben, zum Schluss die flüssige Butter unterarbeiten.

Tipps
Manchmal wird beim Backen die Oberseite des Biskuits etwas ungleichmäßig und leicht wellig. Dieses Problem kann auftauchen, wenn der Teig nicht richtig ausgebacken wurde. Für Torten dann einfach die Unterseite als Oberseite verwenden, so hat man eine saubere, gerade Fläche zum Aufstreichen der Cremes. Damit der gedrehte Boden aber nicht an der Kuchenplatte kleben bleibt, vor dem Aufsetzen den Boden der Platte mit Löffelbiskuitbröseln bestreuen.
Für Schokoladenböden bei Schritt 4 das Kakaopulver mit dem Mehl zusammensieben.
Für Nussböden die geriebenen Nüsse und den Zimt unter das Mehl mischen.

Grundrezepte 13

Schokoladen-Mousse

Mengenangaben: siehe Rezepte

Schokoladen-Mousse ist als Dessert und auch als Füllung für Torten sehr beliebt. Je nach Geschmack kann außer Zartbitter- auch Vollmilch- oder weiße Kuvertüre bzw. weiße Schokolade verwendet werden. Die Arbeitsweise und die Mengenangaben sind bei Schokolade und Kuvertüre gleich (Ausnahme: Bei weißer Kuvertüre ca. 10% mehr Masse verwenden).

1 Eier und Eigelb zunächst im Wasserbad mit dem Schneebesen warm und dann mit dem Handrührgerät locker und kalt weiterschlagen.

2 Die Kuvertüre feinhacken und in einer Kasserolle im Wasserbad oder in der Mikrowelle auflösen.

3 Die Sahne steifschlagen. Sahne- und Eiermasse zusammenrühren.

4 Einen kleinen Teil dieser Masse in die Kuvertüre geben und unterrühren.

5 Ist die Kuvertüre kalt, gerinnt die Masse. In diesem Fall die Mischung im Wasserbad leicht nachwärmen.

6 Mit einem Löffel oder Handschneebesen glattrühren.

7 Die restliche Sahne-Eiermischung unterheben. Die Kuvertüre darf nicht zu stark nachgewärmt werden, da sonst die Schokoladen-Mousse zu weich wird und keinen Stand mehr hat.

Grundrezepte

Buttercreme

Mengenangaben: siehe Rezepte

Zwei unterschiedliche Herstellungsarten für die Buttercreme bieten sich an:

1

1 Butter und geschmeidiges Pflanzenfett anwärmen. Das Pflanzenfett macht die Creme noch lockerer und leichter.

2 Butter und Pflanzenfett mit dem Handrührgerät schaumig rühren.

3 Eier und Zucker im Wasserbad zuerst warm und dann mit dem Handrührgerät kalt und locker aufschlagen. Beide Massen zusammenrühren und nach Rezept Zitrone oder Vanille zugeben.

2

1 Butter und Pflanzenfett schaumig rühren.

2 Abwechselnd Puderzucker und Eier zugeben und alles kräftig schaumig schlagen. Zitrone und Vanille zugeben, wie in den Rezepten angegeben.

Beide Herstellungsarten können für jedes beschriebene Rezept angewendet werden. In der Konditorei wird die erste Arbeitsweise, Eier und Zucker warm schlagen, praktiziert. Besonders in den Sommermonaten ist es ratsam, die Eier mit Zucker warm aufzuschlagen.

Teilweise gibt es Vorbehalte gegen Buttercremes, sie seien zu fett und zu schwer. Die hier beschriebenen Cremerezepte sind jedoch locker, leicht und zart. Zudem sind die Mengenangaben sehr knapp gehalten.

Grundrezepte

Kuvertüre

Mengenangaben: siehe Rezepte

Zartbitter- oder Vollmilch-Kuvertüre oder auch weiße Kuvertüre bzw. Schokolade sind in den Fachabteilungen der Lebensmittelgeschäfte, der Kaufhäuser oder beim Konditor erhältlich. Alle drei Sorten eignen sich sehr gut als Zusatz zu Cremes, geschlagener Sahne oder Schokoladen-Mousse. Bei Verwendung von weißer Kuvertüre (oder Schokolade) sollte man, um die gewünschte Festigkeit zu erreichen, etwa 10% mehr Masse als bei dunkler Kuvertüre einrechnen.

1 2/3 der feingeschnittenen Kuvertüre in eine Kasserolle geben und im Wasserbad oder in der Mikrowelle auflösen. In der warmen Jahreszeit die aufgelöste Masse eher etwas kühler, im Winter eher etwas wärmer halten (bei ca. 37° C).

2 Die restliche Kuvertüre zugeben, durchrühren und den Topf aus dem Wasserbad nehmen.

3 Sind die Stücke ganz aufgelöst, die Kuvertüre mit dem Rücken des Zeigefingers berühren – wird weder ein kaltes noch ein warmes Gefühl empfunden, so ist die Temperatur genau richtig (der Ausdruck hierfür ist »Bluttemperatur«).

Um **Schokoladenspäne** zu erhalten, mit dem Messerrücken die Späne von der Kuvertüre direkt abschaben. Wenn die Kuvertüre Zimmertemperatur hat, werden die Späne am schönsten.

Tipps

Wichtig ist, die aufgelöste Kuvertüre nie komplett in eine Masse bzw. Creme oder Sahne zu gießen und umzurühren, sondern ein oder zwei Teigschaber davon in die Kuvertüre zu geben, glattzurühren und die restliche Masse nach und nach zuzugeben und unterzuheben. Wird eine Torte mit Kuvertüre überzogen, so darf diese nicht zu warm sein.

Vorsicht, das beim Erwärmen kein Wasser in die Kuvertüre gelangt, denn sonst gerinnt sie. Passiert dies doch einmal, so kann die Kuvertüre für den Hausgebrauch »gerettet« werden (auch wenn die Qualität der Kuvertüre darunter etwas leidet), wenn nach und nach Kokosfett miterwärmt wird, bis die Kuvertüre wieder die gewünschte Konsistenz hat.

Grundrezepte

Marzipanrosen

Die Marzipanrosen sind von jeher die beliebtesten Blumen auf einer Festtags- oder Hochzeitstorte. Die Herstellung erscheint etwas schwierig, sie ist es aber nicht. Ein paar Grundregeln sind zu beachten:
Die Marzipanmasse muss immer glatt und geschmeidig sein. Werden mehrere Rosen geformt, grundsätzlich nur eine kleine Menge Marzipan ausrollen. Durchschnittlich werden 7–8 Blütenblätter für eine Rose verwendet. Die ausgerollte Stärke sollte ca. 1,5 mm betragen, der Blattdurchmesser ca. 3 cm.

1 Den Anfang der Blüte bildet ein Keil, um den die Blütenblätter gelegt werden. Dieser muss kurz sein, im Durchmesser eher dick und nach oben spitz zulaufen.

2 Marzipan dünn ausrollen und den Keil oder Stempel formen.

3 Mit einem Teigschaber die Blütenblätter dünn drücken bzw. schleifen.

4 Die einzelnen Blätter an der dicken Seite leicht mit Wasser befeuchten im Kreis um den Keil legen leicht andrücken.

5 Weiter die Blütenblätter im Kreis um den Keil legen.

6 Die einzelnen Blütenblätter leicht nach außen formen.

7 Das Marzipan lässt sich sehr gut verarbeiten, wenn unter 500 Gramm Rohmarzipan 100 Gramm Puderzucker gearbeitet werden.

8 Für farbige Marzipanrosen einige Tropfen Lebensmittelfarbe unter die Marzipanmasse kneten.

Grundrezepte 17

1 Aus dem ausgerollten Marzipan die Blätter schneiden.

2 Mit dem Messerrücken oder Modellierholz einkerben.

3 Die fertig zusammengesetzte Marzipanrose.

Rosenblätter: Etwas Marzipan mit grüner Lebensmittelfarbe färben und dünn ausrollen.

Mengen und Gewichte:

Für das genaue Abmessen der Zutaten wird ein Messbecher oder eine Küchenwaage empfohlen.

Mehl: Weizenmehl Type 405
1 gestrichener Esslöffel (gestr. EL) = ca. 10 g
1 gehäufter Esslöffel (geh. EL) = ca. 15 g

Speisestärke:
1 gestrichener Esslöffel (gestr. EL) = ca. 10 g
1 gehäufter Esslöffel (geh. EL) = ca. 15 g

Backpulver:
1 Päckchen = 15 g

Hefe:
1 Würfel = 42 g
Die Grammangaben für Hefe gelten für frische Backhefe.

Zucker:
1 gestrichener Esslöffel (gestr. EL) = ca. 20 g

Sahne:
1 Esslöffel = ca. 20 g

Eier:
Für die Rezepte wurden Eier der Gewichtsklasse M (53–62g) verwendet.

Tipps
Das Backergebnis wird besser und die Konsistenz feiner, wenn Speisestärke, Kakao oder Mehl vor der Verarbeitung immer durch ein Sieb geschüttet werden. Für den Schalenabrieb von Zitrusfrüchten immer nur unbehandelte Naturzitronen oder -orangen verwenden.

Sonntagskuchen

1 Milch und aufgelöste Hefe mit einem Teil des Mehls zu einem dicken Brei verrühren.

2 Alle Zutaten (außer Mehl) glattrühren und unter das Hefestück geben, zum Schluss das restliche Mehl einarbeiten.

3 Sultaninen unter den Teig drücken.

4 Den Teig in drei gleich große Stücke teilen und gleichmäßige Stränge daraus rollen.

Sonntagskuchen • Hefekuchen

Hefezopf

Für den Hefeteig Milch in einer Schüssel anwärmen, Hefe darin auflösen und mit einem Teil des Mehls einen Brei anrühren (vgl. schwerer Hefeteig, Seite 8). Dieses Hefestück ca. 15 Minuten abgedeckt gehen lassen.

Butter, Zucker, Salz, Zitronenabrieb, Vanillemark, Ei und Eigelb mit dem Schneebesen der Rührmaschine glatt rühren. Diese gerührte Masse in das Hefestück geben und von Hand mit dem restlichen Mehl vorsichtig zu einem glatten Teig arbeiten. Mit einem Tuch abgedeckt 60 Minuten im Kühlschrank ruhen lassen (»kalte Führung«).

Anschließend Sultaninen unter den Teig drücken, jedoch nicht kneten. Ein Backblech mit Backpapier belegen.

Das Teigstück in drei gleich große Teile schneiden und jedes Teil ca. 25 cm lang ausrollen. Kurz zum Entspannen des Teigs liegen lassen, dann an einem Ende die drei Stränge zusammendrücken und flechten. Den mittleren Strang jeweils nach außen schlagen, einmal nach rechts, einmal nach links.

Den Zopf gehen lassen, bis er deutlich an Volumen zugenommen hat. Mit einem verquirlten Ei bestreichen, mit Mandeln oder ganz grobem Zucker überstreuen und nach dem Backen mit Zuckerglasur überziehen. Im vorgeheizten Backofen goldgelb backen; nach 20 Minuten mit Alufolie abdecken, damit die Oberfläche nicht zu dunkel wird, oder die Backtemperatur leicht reduzieren.

Tipp
Hefeteigstränge vor dem Flechten kräftig bemehlen, dann reißt die Oberfläche beim Backen schöner auf.

Hefeteig
140 ml Milch
30 g Hefe
400 g Mehl
40 g Zucker
6 g Salz
1 Ei
4 Eigelb
50 g Butter
Mark von 1/4 Vanillestange
Abrieb von 1/4 Zitrone
150 g Sultaninen

Zum Abpinseln
1 verquirltes Ei

Zum Überstreuen
20 g gehobelte Mandeln oder
20 g groben Zucker

Zur Glasur
150 g Puderzucker
30 ml Wasser

5 Am oberen Ende zusammendrücken und jeweils den mittleren Strang nach außen schlagen. 1 x nach rechts, 1 x nach links.

6 Am Schluss die Enden nach unten einschlagen.

Form
Backblech, 40 × 30 cm

Zubereitungszeit
◔ ◔

Backzeit
Elektro: 175 °C / 25 Minuten
Gas: Stufe 2–3 / 25 Minuten
Umluft: 160 °C / 22 Minuten

20 Sonntagskuchen

1 Hefe in warmer Milch auflösen und mit einem Teil des Mehles zu einem Brei anrühren und abdecken.

2 Alle Zutaten unter das Hefestück geben, zum Schluss das Mehl, und zu einem Teig kneten.

3 Vom Teig drei gleichmäßige Stränge formen und an der Oberseite zusammendrücken.

4 Jeweils den mittleren Strang einmal nach links einmal nach rechts schlagen.

Sonntagskuchen • *Hefekuchen*

Osterkranz

Für den Hefeteig Milch in einer Schüssel anwärmen, Hefe darin auflösen und mit einem Teil des Mehles einen dicken Brei anrühren. Dieses Hefestück ca. 15 Minuten abgedeckt gehenlassen.
Butter, Zucker, Salz, Zitronenschalenabrieb, Vanillemark, Eier und Eigelb mit den Schneebesen der Rührmaschine glattrühren. Diese gerührte Masse in das Hefestück geben und mit dem restlichen Mehl zu einem glatten Teig verarbeiten. Mit einem Tuch abgedeckt 30–60 Minuten gehenlassen.
Auf dem Backbrett die Sultaninen in den Teig drücken. Nicht kneten, um ein Grauwerden durch die Früchte zu vermeiden. Nochmals abgedeckt ca. 10 Minuten stehen lassen.
Den Teig in drei Stücke teilen und Stränge daraus formen. Anschließend wie einen Zopf flechten. Jeweils den mittleren Strang nach außen schlagen, einmal nach rechts, einmal nach links.
Auf ein mit Trennpapier belegtes Blech legen, zum Kranz formen, beide Enden gut zusammendrücken und warm stellen. Sobald der Kranz fast das doppelte Volumen erreicht hat, mit einem verquirlten Ei bestreichen. Gehobelte oder gestiftelte Mandeln oder groben Zucker darüberstreuen und backen.

Hefeteig
400 ml Milch
70 g Hefe
1000 g Mehl
150 g Butter
120 g Zucker
16 g Salz
Abrieb von 1/2 Zitrone
Mark von 1/2 Vanillestange
2 Eier
4 Eigelb

Früchte
250 g Sultaninen

Zum Bestreichen
1 verquirltes Ei

Zum Bestreuen
30 g gehobelte oder gestiftelte Mandeln
oder 20 g grober Zucker

5 Zu einem Kranz legen und beide Enden gut zusammendrücken.

Form
Backblech, 40 × 30 cm,
(Kranz-Ø ca. 40 cm)

Zubereitungszeit

Backzeit
Elektro: 180 °C / 30 Minuten
Gas: Stufe 2–3 / 30 Minuten
Umluft: 170 °C / 25 Minuten

Sonntagskuchen

1 Hefe in der lauwarmen Milch auflösen und etwas Mehl zugeben.

2 Glattgerührte Buttermasse, Hefestück und das restliche Mehl zu einem Teig arbeiten.

3 Leicht angewärmte Früchte unter den Teig drücken.

4 Teig zu einer Kugel formen und auf das Backblech setzen.

Sonntagskuchen • *Hefekuchen*

Osterbrot

Für den Hefeteig die Milch anwärmen, Hefe darin auflösen. Mit einem Teil des Mehls zu einem Brei anrühren und das Hefestück ca. 15–20 Minuten abgedeckt warm stellen (siehe auch schwerer Hefeteig, Seite 8). Butter, Zucker, Salz, Zitronenschalenabrieb, Vanillemark, Ei und Eigelb schaumig rühren.

Das restliche Mehl und das Hefestück zugeben und mit den Knethaken der Küchenmaschine zu einem Teig kneten. Auf der Tischplatte den Teig kräftig durcharbeiten, abdecken und ca. 30 Minuten ruhen lassen.

In der Zwischenzeit die Früchte abwiegen, im Backofen etwas anwärmen und nach der Ruhezeit unter den Teig drücken.

Den Teig zu einer runden Kugel formen und auf das Backblech setzen. Wenn die Teigkugel deutlich an Volumen zugenommen hat, mit dem verquirlten Ei bestreichen und mit dem Messer über Kreuz einschneiden. Die so entstandenen Spitzen auseinanderziehen. Das Osterbrot in den vorgeheizten Backofen schieben und backen.

Noch heiß mit erhitzter Orangenmarmelade überziehen und anschließend mit Zuckerglasur bestreichen, die aus Puderzucker und Wasser dickflüssig angerührt wird.

Hefeteig
120 ml Milch
42 g Hefe
180 g Butter
40 g Zucker
5 g Salz
Abrieb von 1/4 Zitrone
Mark von 1/4 Vanillestange
1 Ei
2 Eigelb
400 g Mehl

Weitere Zutaten
100 g Sultaninen
100 g gewürfeltes Zitronat und Orangeat
50 g gestiftelte Mandeln

Zum Bestreichen
1 verquirltes Ei

Glasur
100 g Orangenmarmelade
150 g Puderzucker
30 ml Wasser

5 Die an Volumen deutlich zugenommene Teigkugel mit Ei bestreichen, über Kreuz einschneiden und etwas auseinanderziehen.

6 Puderzucker mit Wasser anrühren und das bereits mit heißer Orangenmarmelade glasierte Osterbrot bestreichen.

Form
Backblech, 40 × 30 cm

Zubereitungszeit
🕐 🕐

Backzeit
Elektro: 180 °C / 50 Minuten
Gas: Stufe 2–3 / 50 Minuten
Umluft: 170 °C / 45 Minuten

Sonntagskuchen

1 Hefe in der Milch auflösen und mit etwas Mehl einen dicken Brei anrühren.

2 Alle Zutaten glattrühren und mit dem Mehl und Hefestück zusammen zu einem glatten Teig verarbeiten.

3 Sultaninen und gehobelte Mandeln unter den Teig drücken.

4 Beide Teigenden mit Wasser bestreichen, gut zusammendrücken und in die Form legen.

Sonntagskuchen • *Hefekuchen*

Gugelhupf

Für den Hefeteig Milch in einer Schüssel anwärmen, Hefe darin auflösen und mit einem Teil des Mehles einen dicken Brei anrühren. Dieses Hefestück ca. 15 Minuten abgedeckt gehen lassen.
Butter, Zucker, Salz, abgeriebene Zitronenschale, Vanillemark, Eier und Eigelb mit dem Schneebesen der Rührmaschine gut verrühren. Diese Masse zu dem Hefestück geben und mit dem restlichen Mehl zu einem glatten Teig verarbeiten. Mit einem Tuch abgedeckt 60 Minuten ruhen lassen. Sultaninen und gehobelte Mandeln unter den Teig drücken und diesen zu einem kurzen dicken Strang formen. Gugelhupfform kräftig ausbuttern und den Teig hineinlegen. Die beiden Enden mit Wasser bestreichen und kräftig zusammendrücken. An einem warmen Ort gehen lassen, bis die Form fast gefüllt ist; nun in den vorgeheizten Backofen schieben.
Nach dem Backen den Gugelhupf noch in der Form einige Male mit flüssiger Butter abpinseln. Auf ein Gitter stürzen und sofort mit Puderzucker übersieben.

Hefeteig
1/4 l Milch
50 g Hefe
525 g Mehl
150 g Butter
100 g Zucker
10 g Salz
Abrieb von 1/4 Zitrone
Mark von 1/4 Vanillestange
2 Eier
4 Eigelb

Weitere Zutaten
200 g Sultaninen
150 g gehobelte Mandeln

Zum Abpinseln
100 g Butter

Zum Übersieben
Puderzucker

5 Nach dem Backen sofort mit flüssiger Butter bepinseln und stürzen.

Form
Gugelhupfform, Ø ca. 26 cm, Höhe ca. 13 cm

Zubereitungszeit

Backzeit
Elektro: 180 °C / 35 Minuten
Gas: Stufe 2–3 / 35 Minuten
Umluft: 170 °C / 32 Minuten

Sonntagskuchen

1 Die Teigzutaten mit dem Knethaken zu einem glatten Teig verarbeiten.

2 Alle Zutaten für den Bienenstichguss aufkochen und zum Schluss die Mandeln darunterheben.

3 Bienenstichguss auf dem Hefeteig verstreichen.

4 Vanillecreme glattrühren, dann Rum und Gelatine unterrühren. Geschlagene Sahne unterheben.

Sonntagskuchen • *Hefekuchen*

Bienenstich

Milch etwas anwärmen und die Hefe darin auflösen. Mit allen restlichen Zutaten in eine Schüssel geben. Mit den Knethaken der Rührmaschine zu einem glatten Teig kneten. Mit einem Tuch abdecken und ca. 60 Minuten – je nach Raumtemperatur – ruhen lassen (siehe auch leichter Hefeteig, Seite 8).
Kuchenform ausbuttern, Teig rund ausrollen und in die Form legen. Butter, Zucker, Bienenhonig und Milch in einem Kessel kurz aufkochen, gehobelte Mandeln dazugeben und vermischen. Solange die Masse noch heiß ist auf dem Hefeteig gleichmäßig verstreichen. An einem warmen Ort noch ca. 1/2 Stunde gehen lassen.
Im vorgeheizten Backofen goldgelb backen.
Für die Füllung Milch, Zucker, Eigelb und Puddingpulver unter ständigem Rühren zum Kochen bringen und abkühlen lassen.
Den ungefüllten, kalten Bienenstich aus der Form nehmen und waagerecht durchschneiden.
Die Vanillecreme mit dem Schneebesen glattrühren. Rum und aufgelöste Gelatine zugeben. Sahne schlagen und unter die Creme heben.
Die Creme auf den Boden streichen und den Deckel auflegen.

Hefeteig
140 ml Milch
25 g Hefe
350 g Mehl
40 g Zucker
6 g Salz
1 Ei
1 Eigelb
40 g Butter
Mark von 1/4 Vanillestange
Abrieb von 1/4 Zitrone

Bienenstichguss
75 g Butter
75 g Zucker
50 g Bienenhonig
30 ml Milch
80 g gehobelte Mandeln

Füllung
400 ml Milch
40 g Zucker
2 Eigelb
35 g Vanillepuddingpulver
1 cl Rum
2 Blatt Gelatine
400 ml süße Sahne

5 Bienenstich aufschneiden und Füllung darauf streichen.

Form
runde Kuchenform, Ø ca. 30 cm

Zubereitungszeit

Backzeit
Elektro: 180 °C / 30 Minuten
Gas: Stufe 2–3 / 30 Minuten
Umluft: 160 °C / 25 Minuten

Tipp
Evtl. den Deckel vor dem Auflegen in Kuchenstücke schneiden und auf dem Kuchen wieder zusammensetzen (siehe großes Bild).

Sonntagskuchen

1 Die aufgelöste Hefe mit allen Zutaten zu einem glatten Teig verarbeiten und abgedeckt ruhen lassen.

2 Apfelschnitze nach Belieben auflegen.

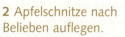

3 Zutaten für die Florentinermasse aufkochen und die Mandeln darunterheben.

4 Nach ca. 30 Minuten Backzeit die heiße Florentinermasse auf dem Kuchen verteilen und fertig backen.

Gutsherrn-Apfelkuchen

Für den Hefeteig in einer Schüssel die Milch etwas anwärmen und die Hefe darin auflösen. Alle Zutaten in die Schüssel geben. Mit den Knethaken der Rührmaschine zu einem Teig kneten und 60 Minuten ruhen lassen.
In der Zwischenzeit Äpfel schälen, entkernen und in Segmente schneiden. Etwas säuerliche Backäpfel eignen sich am besten.
Den Teig rund ausrollen, in eine gebutterte Form legen und nochmals ca. 20 Minuten gehenlassen. Apfelschnitze auflegen und mit heißer Butter abpinseln. Zimtzucker darüberstreuen und zum Backen in den vorgeheizten Backofen schieben.
In einer Schüssel Zucker, Butter, Bienenhonig und Milch kurz aufkochen und die gehobelten Mandeln darunterheben.
Nach ca. 30 Minuten Backzeit den Kuchen kurz aus dem Backofen nehmen und mit einem Löffel die heiße Florentinermasse auf dem heißen Kuchen verteilen.
Wieder in den Backofen schieben und backen, bis die Florentinermasse goldgelb ist.

Hefeteig
140 ml Milch
25 g Hefe
350 g Mehl
40 g Zucker
6 g Salz
1 Ei
1 Eigelb
40 g Butter
Mark von 1/4 Vanillestange
Abrieb von 1/4 Zitrone

Belag
1,7 kg Äpfel

Zum Abpinseln
50 g Butter

Zimtzucker
30 g Zucker
1 Msp gemahlener Zimt

Florentinermasse
50 g Zucker
50 g Butter
30 g Bienenhonig
20 ml Milch
60 g gehobelte Mandeln

Form
runde Kuchenform, Ø ca. 30 cm

Zubereitungszeit

Backzeit
Elektro: 180 °C / 40 Minuten
Gas: Stufe 2–3 / 40 Minuten
Umluft: 170 °C / 35 Minuten

30 Sonntagskuchen

1 Zu der in Milch aufgelösten Hefe alle Zutaten dazugeben und zu einem glatten Teig verarbeiten.

2 Glattgerührte Butter, Zucker, Zimt und Salz mit dem Mehl zu Streuseln verarbeiten.

3 Hefeteig ausrollen und in die gebutterte Form legen.

4 Hefeteig mit Milch bestreichen und Streusel aufstreuen.

Butterstreusel

Sonntagskuchen • Hefekuchen

Für den Hefeteig in einer Schüssel die Milch etwas anwärmen und die Hefe darin auflösen. Alle restlichen Zutaten in die Schüssel geben. Mit den Knethaken der Rührmaschine zu einem Teig kneten, mit einem Tuch abdecken und 60 Minuten ruhen lassen.
Für die Streusel Butter, Zucker, Zimt und Salz glattrühren.
Mit dem Mehl auf dem Backbrett (oder der Tischplatte) von Hand zu Streuseln zerreiben. Sie werden optisch schöner, wenn die angegebenen Zutaten zu einem Teig geknetet und gleichmäßig durch ein grobes Sieb gedrückt werden.
Den Teig rund ausrollen und in die gefettete Form legen. Mit Milch bestreichen und die Streusel aufstreuen. Ca. 1/2 Stunde an einem warmen Ort gehenlassen und dann in den vorgeheizten Backofen schieben. Wenn der Boden eine goldgelbe Farbe hat, den Kuchen aus dem Backofen nehmen und mit dem Pinsel flüssige Butter auftupfen. Sofort mit kräftigem Zimtzucker überstreuen.

Hefeteig
180 ml Milch
25 g Hefe
450 g Mehl
55 g Zucker
7 g Salz
1 Ei
1 Eigelb
45 g Butter
Mark von 1/4 Vanillestange
Abrieb von 1/4 Zitrone
etwas Milch zum Bestreichen

Streusel
200 g Butter
200 g Zucker
1 Msp gemahlener Zimt
1 Prise Salz
300 g Mehl

Zum Überpinseln
200 g Butter

Zum Überstreuen
50 g Zucker
2 Msp gemahlener Zimt

5 Nach dem Backen die Streuselfläche mit heißer Butter betupfen und mit Zimtzucker überstreuen.

Form
runde Kuchenform, Ø ca. 30 cm
oder Springform, Ø 26 cm

Zubereitungszeit

Backzeit
Elektro: 180 °C / 25 Minuten
Gas: Stufe 2–3 / 25 Minuten
Umluft: 170 °C / 20 Minuten

Tipp
In der Springform wird der Kuchen höher, er benötigt zum Backen nicht länger.

Sonntagskuchen

1 Den Boden der gebutterten Kuchenform mit dem ausgerollten Teig belegen.

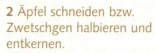

2 Äpfel schneiden bzw. Zwetschgen halbieren und entkernen.

3 Äpfel und Zwetschgen auflegen. Gestiftelte Mandeln darüber verteilen, mit Butter bepinseln und Zimtzucker darüberstreuen.

Sonntagskuchen • *Hefekuchen* **33**

Erntedank-Kuchen

Für den Hefeteig in einer Schüssel die Milch etwas anwärmen und die Hefe darin auflösen. Alle restlichen Zutaten in die Schüssel geben. Mit den Knethaken der Rührmaschine zu einem Teig kneten. Ist dieser schön glatt und schlägt Blasen, mit einem Tuch abdecken und ca. 30 Minuten – je nach Raumtemperatur – ruhen lassen (vgl. Grundrezept für leichten Hefeteig, Seite 8).
Danach ausrollen, in die gebutterte Form legen und nochmals ca. 30 Minuten gehenlassen.
Semmelbrösel auf den Teig streuen. Äpfel schälen, entkernen und in Segmente schneiden, Zwetschgen entsteinen und halbieren.
Beide Früchte bunt durcheinander auflegen und gestiftelte Mandeln darüber verteilen.
Mit lauwarmer Butter überpinseln und Zimtzucker darüberstreuen. In den vorgeheizten Backofen schieben und backen, bis der Boden goldgelb ist.

Hefeteig
140 ml Milch
25 g Hefe
350 g Mehl
40 g Zucker
6 g Salz
1 Ei
1 Eigelb
40 g Butter
Mark von 1/4 Vanillestange
Abrieb von 1/4 Zitrone

Zum Aufstreuen
50 g Semmelbrösel

Belag
650 g Äpfel
650 g Zwetschgen
40 g gestiftelte Mandeln

Zum Überpinseln
80 g Butter

Zimtzucker
60 g Zucker
1 Msp gemahlener Zimt

Form
runde Kuchenform, Ø ca. 30 cm

Zubereitungszeit

Backzeit
Elektro: 180 °C / 35 Minuten
Gas: Stufe 2–3 / 35 Minuten
Umluft: 170 °C / 30 Minuten

Tipp
Der Aufwand für dieses einfache Rezept ist minimal, das Ergebnis optimal: ein saftiger und fruchtiger Kuchen.

34 Sonntagskuchen

1 Mit dem Knethaken alle Zutaten zu einem glatten Teig verarbeiten.

2 Den Teig ausrollen und in die Form legen.

3 Früchte auflegen.

Sonntagskuchen • *Hefekuchen*

Herbstkuchen

Die Milch in einer Schüssel etwas anwärmen und die Hefe darin auflösen. Alle restlichen Zutaten in diese Schüssel geben. Mit den Knethaken der Rührmaschine zu einem Teig kneten. Wenn dieser schön glatt ist und Blasen schlägt, mit einem Tuch abdecken, 30 Minuten ruhen lassen.
Teig auf Formgröße ausrollen, in die gefettete Kuchenform legen und nochmals an einem warmen Ort gehen lassen.
Früchte halbieren oder kleinschneiden und zusammen mit den Nüssen auflegen. Zum Schluss die Preiselbeeren darüberstreuen. Mit der flüssigen warmen Butter abpinseln und in den vorgeheizten Backofen schieben. Wenn der Boden goldgelb ist, aus dem Backofen nehmen und mit Zimtzucker überstreuen.

Hefeteig
140 ml Milch
25 g Hefe
350 g Mehl
40 g Zucker
6 g Salz
1 Ei
1 Eigelb
40 g Butter
Mark von 1/4 Vanillestange
Abrieb von 1/4 Zitrone

Belag
1 Birne
1 Quitte
1 Apfel
100 g Preiselbeeren
50 g Walnüsse
2 Orangen
8 frische Datteln

Zum Überpinseln
100 g Butter

Zimtzucker
50 g Zucker
1/2 TL gemahlener Zimt

Form
flache Kuchenform, Ø 30 cm

Zubereitungszeit

Backzeit
Elektro: 180 °C / 35 Minuten
Gas: Stufe 2–3 / 35 Minuten
Umluft: 170 °C / 30 Minuten

Tipp
Außerhalb der Preiselbeersaison sind Tiefkühl-Preiselbeeren oder -Cranberries eine gute Alternative. Nicht auftauen, sondern gefroren verwenden, sonst wird der Belag zu saftig.

Sonntagskuchen

1 Sahne und Milch aufschlagen und auf dem fertig ausgerollten Hefeteig verteilen.

2 Butter und Zucker schaumig rühren und mit dem Löffel verteilen.

3 Zuerst die gehobelten Mandeln, danach den Zimtzucker aufstreuen.

Sonntagskuchen • *Hefekuchen*

Butterkuchen

Für den Hefeteig in einer Schüssel die Milch etwas anwärmen und die Hefe darin auflösen. Alle restlichen Zutaten in die Schüssel geben. Mit dem Knethaken der Rührmaschine zu einem Teig kneten, bis er Blasen schlägt. Mit einem Tuch abdecken und 60–70 Minuten – je nach Raumtemperatur – ruhen lassen (siehe Grundrezept für leichten Hefeteig, Seite 8).
Ausrollen, den Boden der gebutterten Form damit auslegen und nochmals 20 Minuten gehenlassen.
In der Zwischenzeit Sahne und Milch zusammen aufschlagen und den gut gegangenen Hefeteig damit bestreichen.
Butter und Puderzucker mit der Küchenmaschine schaumig rühren und mit einem Kaffeelöffel über den Kuchenboden verteilen.
Gehobelte Mandeln aufstreuen und als letztes Zimtzucker darüber geben.
Im vorgeheizten Backofen backen, bis der Boden und die Oberfläche goldgelb sind.
Eine runde flache Kuchenform (siehe Bilder 1 bis 3) oder ein Kuchenblech (siehe große Abbildung) eignen sich gleichermaßen für diesen Kuchen.

Hefeteig
140 ml Milch
25 g Hefe
350 g Mehl
40 g Zucker
6 g Salz
1 Ei
1 Eigelb
40 g Butter
Mark von 1/4 Vanillestange
Abrieb von 1/4 Zitrone

Belag
150 ml Sahne
50 ml Milch

125 g Butter
20 g Puderzucker

Zum Aufstreuen
50 g gehobelte Mandeln

Zimtzucker
50 g Zucker
1 Msp gemahlener Zimt

Form
runde Form, Ø ca. 28–30 cm
oder Kuchenblech, 28 × 28 cm

Zubereitungszeit

Backzeit
Elektro: 180 °C / 25 Minuten
Gas: Stufe 2–3 / 25 Minuten
Umluft: 170 °C / 20 Minuten

Sonntagskuchen

1 Alle Zutaten in die Schüssel mit der Milch und der aufgelösten Hefe geben und einen Teig kneten.

2 Löffelbiskuitbrösel auf den Hefeteig streuen und die entsteinten Kirschen darüber verteilen.

3 Butter und Zucker glatt rühren. Von Hand mit Mehl und Zimt zu Streuseln arbeiten.

4 Streusel gleichmäßig über den Kuchen vertei

Omas Kirschblech

Für den Hefeteig in einer Schüssel die Milch etwas anwärmen und die Hefe darin auflösen. Alle restlichen Zutaten in die Schüssel geben. Mit den Knethaken der Küchenmaschine zu einem Teig kneten. Ist dieser schön glatt und schlägt Blasen, mit einem Tuch abdecken und ca. 60 Minuten – je nach Raumtemperatur – ruhen lassen.
Frische helle, knackige Kirschen entsteinen. Hefeteig ausrollen, auf ein gebuttertes Backblech legen und ca. 1/2 Stunde gehenlassen. Zerdrückte Löffelbiskuits dünn darüberstreuen und die entsteinten Kirschen auflegen. Für die Streusel Butter und Zucker in der Küchenmaschine glattrühren. Mehl und Zimt zugeben und zwischen den Handflächen Streusel reiben. Die Streusel gleichmäßig über den mit Kirschen belegten Hefeteig verteilen. In den vorgeheizten Backofen schieben und goldbraun backen.

Hefeteig
200 ml Milch
30 g Hefe
500 g Mehl
60 g Zucker
8 g Salz
1 Ei
2 Eigelb
50 g Butter
Mark von 1/4 Vanillestange
Abrieb von 1/4 Zitrone

Belag
50 g Löffelbiskuits
2,5 kg Kirschen

Streusel
150 g Butter
150 g Zucker
220 g Mehl
3 Msp gemahlenen Zimt

Form
Backblech, 40 × 30 cm

Zubereitungszeit

Backzeit
Elektro: 180 °C / 30 Minuten
Gas: Stufe 2–3 / 30 Minuten
Umluft: 170 °C / 25 Minuten

Sonntagskuchen

So entsteht ein Hefeblätterteig für den Zwetschgendatschi:

1 Teig mit ganz wenig Mehl ausrollen, die flachgedrückte Butter auf die Hälfte des Teiges legen und den Teig darüberschlagen.

2 Teig wieder ausrollen, möglichst ohne oder mit ganz wenig Mehl und bis zu 2/3 einschlagen.

3 Die andere Teighälfte darüberlegen. Den Vorgang von Bild 2 und 3 dreimal wiederho[len]

Sonntagskuchen • *Hefekuchen* — 41

Zwetschgendatschi

Für den Hefeteig die Milch in einer Schüssel etwas anwärmen und die Hefe darin auflösen. Alle restlichen Zutaten in diese Schüssel geben, mit den Knethaken der Rührmaschine zu einem Teig kneten.
Ist dieser schön glatt und schlägt Blasen, mit einem Tuch abdecken.
60 Minuten im Kühlschrank ruhen lassen (vgl. Grundrezept leichter Hefeteig, Seite 8).
Für den Hefeblätterteig den Teig auf ca. 30 × 20 cm Größe ausrollen. Gekühlte Butter in Scheiben schneiden oder ein Stück mit etwas Mehl flachdrücken und auf die Hälfte des Teiges legen. Den Teig überschlagen und auf ca. 30 × 20 cm Größe ausrollen. Rechts bis 2/3 des Teiges einschlagen, das linke Teil darüberlegen. Diesen Vorgang dreimal wiederholen. Anschließend den Hefeteig kühlstellen und nach ca. 30 Minuten auf Blechgröße ausrollen.
Zwetschgen entkernen und oben etwas einschneiden. Je nach Reife der Früchte mehr oder weniger geriebene Löffelbiskuits, gegebenenfalls Semmelbrösel, aufstreuen.
Den Teig dicht mit Früchten belegen und backen.
Mit einem Messer nach der Backzeit den Boden etwas anheben, um zu sehen ob er eine goldgelbe Farbe hat. Noch heiß mit Zimtzucker überstreuen.
Am Anfang der Saison sind die Früchte in den meisten Fällen noch sehr fest. Dann bereits vor dem Backen mit Zimtzucker bestreuen.

Hefeteig
200 ml Milch
33 g Hefe
500 g Mehl
60 g Zucker
8 g Salz
2 Eier
1 Eigelb
50 g Butter

Zum Einrollen
440 g Butter

Zum Aufstreuen
100 g geriebene Löffelbiskuits

Belag
2–3 kg Zwetschgen, je nach Stärke des Fruchtbelags

Zum Überstreuen
100 g Zucker
1 TL gemahlener Zimt

Form
Backblech, ca. 40 × 30 cm

Zubereitungszeit
🕐 🕐

Backzeit
Elektro: 180 °C / 50–60 Minuten
Gas: Stufe 2–3 / 50–60 Minuten
Umluft: 170 °C / 35–45 Minuten

Tipp
Am Anfang der Saison sind die Früchte in den meisten Fällen noch sehr fest. Vor dem Backen mit Zimtzucker bestreuen.

Sonntagskuchen

1 Zwetschgen halb aufschneiden, entkernen und in den Schnitt Zimtzucker einstreuen.

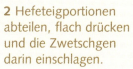

2 Hefeteigportionen abteilen, flach drücken und die Zwetschgen darin einschlagen.

3 Die gefüllten Buchteln in warme Butter tauchen und in eine Form legen.

Sonntagskuchen • *Hefekuchen*

Zwetschgenbuchteln

Buchtelteig wird wie Hefeteig hergestellt: In einer Schüssel die Milch etwas anwärmen und die Hefe darin auflösen. Alle restlichen Zutaten in diese Schüssel geben. Mit den Knethaken der Küchenmaschine zu einem Teig kneten. Ist dieser schön glatt und schlägt Blasen, mit einem Tuch abdecken und ca. 60 Minuten – je nach Raumtemperatur – ruhen lassen. In der Zwischenzeit von reifen Zwetschgen durch einen kleinen Schnitt den Kern entfernen. Durch diese Schnittstelle Zimtzucker in die Zwetschgen füllen.
Den Hefeteig zu einem Strang formen, 10 Portionen abteilen, flachdrücken und die Früchte darin einschlagen.
Eine Form kräftig ausbuttern und mit Zimtzucker ausstreuen.
Die gefüllten Buchteln in flüssige, warme Butter tauchen und in die Form setzen. Nach ca. 40–50 Minuten Ruhezeit an einem warmen Ort – der Hefeteig muss 3/4 der Pfannenhöhe oder der Form erreicht haben – in den vorgeheizten Backofen schieben und goldgelb backen.
Wenn die Buchteln aus dem Backofen kommen, sofort mit der restlichen heißen Butter bepinseln und mit Puderzucker übersieben.
Für die Vanillesauce Milch, Sahne, Eigelb, Zucker, Speisestärke und das Vanillemark in einem Kessel im Wasserbad aufschlagen, bis die Masse sämig ist.

Buchtelteig
140 ml Milch
20 g Hefe
340 g Mehl
1 Ei
1 Eigelb
3 cl Rum
40 g Zucker
1 Prise Salz
Abrieb von 1/4 Zitrone
80 g Butter

Belag
10 Zwetschgen

Zimtzucker
100 g Zucker
1/2 TL gemahlener Zimt

150 g Butter zum Tauchen und Abpinseln
Puderzucker zum Übersieben

Vanillesauce
200 ml Milch
200 ml Sahne
3 Eigelb
30 g Zucker
8 g Speisestärke
Mark von 1/2 Vanillestange

Form
Backform mit hohem Rand oder Reine, ca. 40 × 15 cm

Zubereitungszeit

Backzeit
Elektro: 180 °C / 30 Minuten
Gas: Stufe 2–3 / 30 Minuten
Umluft: 170 °C / 27 Minuten

Sonntagskuchen

1 Vorteig (Hefestück) aus Milch, Hefe und einem Teil des Mehls herstellen.

2 Glattgerührte Butter-Zucker-Eiermischung unter das Hefestück geben.

3 Früchte unter den glatten und ausgeruhten Teig drücken.

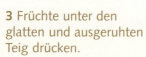

4 Teig in eine Stollenform drücken oder von Hand mittels einer Holzrolle formen.

Sonntagskuchen • *Hefekuchen*

Christstollen

Sultaninen, gestiftelte Mandeln, gewürfeltes Zitronat und Orangeat in einer Schüssel mit Rum übergießen, gut verschlossen über Nacht ziehen lassen.

Für den Vorteig (das Hefestück) die Milch anwärmen, Hefe darin auflösen und mit einem Teil des Mehls einen dicken Brei anrühren. Abgedeckt warm stellen.

Butter, Zucker, Salz, Zitronenschalenabrieb, Vanillemark und das Ei schaumig rühren. Das restliche Mehl und das Hefestück zugeben und mit den Knethaken der Rührmaschine zu einem Teig kneten. Den Teig kräftig durcharbeiten, man sagt auch abschlagen. Dies geschieht am besten auf der Tischplatte. Ist der Teig glatt und geschmeidig, abgedeckt ca. 60 Minuten ruhen lassen.

Danach die Früchte darunterdrücken. Nach einer nochmaligen Ruhepause von ca. 40 Minuten einen Stollen formen oder den Teig in eine spezielle Stollenform drücken. Nun darf der Stollen nur noch ganz schwach gehen. In den vorgeheizten Backofen schieben und backen.

Noch heiß mit der aufgelösten warmen Butter bepinseln und zuckern.

Früchte
400 g Sultaninen
50 g gestiftelte Mandeln
75 g gewürfeltes Zitronat und Orangeat
100 ml Rum

Hefeteig
160 ml Milch
50 g Hefe
600 g Mehl
200 g Butter
75 g Zucker
10 g Salz
Abrieb von 1 Zitrone
Mark von 1 Vanillestange
1 Ei

Zum Bestreichen
150 g Butter

Puderzucker oder Zucker nach Wahl

5 Fertig geformter Stollen: Teig zuerst von unten nach oben legen, dann das dickere Teigstück darüberschlagen.

Form
Backblech, 40 × 30 cm, oder Stollen-/Brotform

Zubereitungszeit
Früchte über Nacht einweihen
+ 🕐 🕐 🕐

Backzeit
Elektro: 180 °C / 55 Minuten
Gas: Stufe 2–3 / 55 Minuten
Umluft: 170 °C / 45–50 Minuten

Tipp
Stollen nur kurze Zeit kühl und trocken lagern.

46 Sonntagskuchen

1 Zucker, Eigelb und Butter etwas zerdrücken und mit den übrigen Zutaten zu einem Teig kneten.

2 Speisemagerquark in einem Tuch ausdrücken.

3 Alle Zutaten zusammen wiegen, Milch zugeben und mit der Küchenmaschine glattrühren.

4 Unter die glattgerühr[te] Quarkmasse die warme Butter rühren.

Käsekuchen

Sonntagskuchen • *Mürbeteigkuchen*

Für den Mürbeteig das Mehl abwiegen und davon einen Kranz bilden. In die Mitte Zucker, Butter, Salz, Vanillemark, Zitronenschalenabrieb und das Eigelb geben. Alle Zutaten vermengen und zu einem Teig kneten. Eine Stunde kühlstellen.

Den Teig ausrollen und in die gebutterte Form legen.

Der Teig muss gut zwischen Boden und Rand gedrückt werden, um ein Auslaufen der Quarkmasse zu verhindern.

Den Quark in einem Küchentuch ausdrücken. Mit Zucker, Puddingpulver, Eiern, Vanillemark, Zitronenschalenabrieb und Milch in der Küchenmaschine glattrühren. Die zerlassene heiße Butter zuletzt dazugeben. In die Form füllen und in den vorgeheizten Backofen schieben.

Beim Backen treibt es den Käsekuchen etwas über den Rand, beim Auskühlen geht er wieder etwas zurück.

Kuchen erst aus der Form nehmen, wenn er ganz ausgekühlt ist.

Mürbeteig
300 g Mehl
100 g Zucker
200 g Butter
1 Prise Salz
Mark von 1/4 Vanillestange
Abrieb von 1/4 Zitrone
1 Eigelb

Quarkmasse
1 kg Speisemagerquark
300 g Zucker
50 g Puddingpulver
4 Eier
Mark von 1/2 Vanillestange
Abrieb von 1/2 Zitrone
600 ml Milch
100 g Butter

Form
Springform mit hohem Rand, Ø 28 cm

Zubereitungszeit

Backzeit
Elektro: 180 °C / 60 Minuten
Gas: Stufe 2–3 / 60 Minuten
Umluft: 170 °C / 50 Minuten

Sonntagskuchen

1 Alle Zutaten vermengen und gut durchkneten.

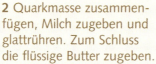

2 Quarkmasse zusammenfügen, Milch zugeben und glattrühren. Zum Schluss die flüssige Butter zugeben.

3 Quarkmasse in die mit Mürbeteig ausgelegte Form geben.

4 Alle Zutaten zusammenkneten, dann zwischen Handflächen zu Streuse reiben.

Sonntagskuchen • *Mürbeteigkuchen*

Kirsch-Käsekuchen

Für den Mürbeteig das Mehl abwiegen und daraus einen Kranz bilden. In die Mitte Zucker, Butter, Salz, Vanillemark, Zitronenschalenabrieb und das Eigelb geben. Alle Zutaten vermengen und zu einem Teig kneten. Eine Stunde kühl stellen.
Teig ausrollen und eine flache gebutterte Form mit Rand damit auslegen. Speisemagerquark in einem Küchentuch ausdrücken. Mit Eiern, Zucker, Puddingpulver, dem Mark einer halben Vanilleschote und Milch anrühren. Die flüssige, warme Butter zugeben. Quarkmasse in die Form füllen. Eingemachte Kirschen, evtl. auch Zwetschgen, abtropfen lassen und über den Quark verteilen.
Für die Streusel Butter, Zucker und Zimt in der Küchenmaschine glattrühren, Mehl zugeben und von Hand zu Streuseln arbeiten (zwischen den Handflächen zu Streuseln »rubbeln«).
Streusel über den Kuchen streuen und in den vorgeheizten Backofen schieben.
Mit frischen, knackigen Kirschen schmeckt der Kuchen am besten.

Mürbeteig
300 g Mehl
100 g Zucker
200 g Butter
1 Prise Salz
Mark von 1/4 Vanillestange
Abrieb von 1/4 Zitrone
1 Eigelb

Quarkmasse
750 g Speisemagerquark
2 Eier
200 g Zucker
30 g Vanillepuddingpulver
Mark von 1/2 Vanillestange
350 ml Milch
80 g Butter

Belag
200 g Kirschen aus dem Glas
50 g Butter
50 g Zucker
1 Msp gemahlener Zimt
75 g Mehl

5 Kirschen und Streusel auf der Quarkmasse verteilen.

Form
flache Kuchenform, Ø ca. 30 cm

Zubereitungszeit

Backzeit
Elektro: 180 °C / 45–50 Minuten
Gas: Stufe 2–3 / 45 Minuten
Umluft: 170 °C / 40 Minuten

Sonntagskuchen

1 Alle Zutaten für den Teig zusammenkneten.

2 Marzipanfüllmasse zusammenwiegen und glattarbeiten.

3 Marzipanfüllmasse gleichmäßig verteilen.

4 Früchte auflegen.

Sonntagskuchen • *Mürbeteigkuchen*

Aprikosen-Mandelkuchen

Für den Mandel-Mürbeteig das Mehl, die geriebenen Mandeln und Zimt abwiegen und einen Kranz davon bilden. Zucker, Eigelb, und Salz zugeben und alles zu einem Teig kneten; ca. 1/2 Stunde kühlstellen. 3/4 des Teigs rund ausrollen und in die gebutterte Form oder auf ein Blech legen und einen Tortenring darum stellen. Von dem restlichen Teig einen Strang formen und als Rand in die Form drücken.
Aprikosen waschen, entsteinen und vierteln.
Marzipan, Zucker, Eigelb und Rum glattrühren und auf den Mürbeteigboden streichen. Aprikosenviertel auflegen, in den vorgeheizten Backofen schieben und backen, bis der Boden goldgelb ist.
Noch heiß mit der flüssigen Butter überpinseln und Zimtzucker darüberstreuen.

Mürbeteig
300 g Mehl
100 g abgezogene geriebene Mandeln
1 TL gemahlener Zimt
100 g Zucker
2 Eigelb
200 g Butter
1 Prise Salz

Füllung
150 g Marzipanrohmasse
50 g Zucker
2 Eigelb
2 cl Rum

Belag
1 kg Aprikosen
50 g Butter zum Abpinseln

Zimtzucker
30 g Puderzucker
1 Msp gemahlener Zimt

Form
Springform oder Tortenring, Ø ca. 28 cm

Zubereitungszeit

Backzeit
Elektro: 180 °C / 35 Minuten
Gas: Stufe 2–3 / 35 Minuten
Umluft: 170 °C / 30 Minuten

Sonntagskuchen

1 Alle Zutaten für den Mürbeteig abwiegen und zu einem Teig kneten.

2 Form mit Mürbeteig auslegen und Löffelbiskuits dicht an dicht darauf legen.

3 Die oben eingeschnittenen Äpfel auflegen und mit heißer Butter überpinseln.

4 Sahnesauce gut verrühren.

Schwäbischer Apfelkuchen

Für den Mürbeteig das Mehl abwiegen und einen Kranz bilden. In die Mitte Zucker, Butter, Salz, Vanillemark, Zitronenschalenabrieb und das Eigelb geben. Alle Zutaten vermengen und zu einem Teig kneten. Eine Stunde kühlstellen (vgl. Butter-Mürbeteig, Seite 10).
Nicht zu große Äpfel schälen, halbieren, vom Kernhaus befreien und auf der runden Seite mit parallel verlaufenden Schnitten ca. 1/2 cm tief einschneiden.
Boden und Rand einer hohen Kuchenform mit Mürbeteig auslegen.
Auf den Boden des Kuchens dicht Löffelbiskuits legen. Die halben Äpfel auflegen und mit heißer Butter überpinseln, Sultaninen darüberstreuen.
In einer Schüssel Eier, Eigelb, flüssige Sahne, Zucker, Speisestärke und Zitronenschalenabrieb glattrühren. Mit einer Schöpfkelle die Sahnesauce über die Äpfel verteilen.
Den Kuchen in den vorgeheizten Backofen schieben.
Nach dem Backen mit durchsichtigem Tortenguss abglänzen, dem ein wenig Calvados zugesetzt wird.
Der Kuchen muss völlig ausgekühlt sein, bevor er aus der Form genommen wird.

Mürbeteig
300 g Mehl
100 g Zucker
200 g Butter
1 Prise Salz
Mark von 1/4 Vanillestange
Abrieb von 1/4 Zitrone
1 Eigelb

Belag
1–1,25 kg mürbe Äpfel
100 g Löffelbiskuits
100 g Butter zum Bepinseln
40 g Sultaninen

Sauce
2 Eier
2 Eigelb
400 ml Sahne
40 g Zucker
30 g Speisestärke
Abrieb von 1/2 Zitrone

Guss
1 Pck Tortenguss
2 gestr. EL Zucker
knapp 1/4 l Wasser
1 cl Calvados

5 Sultaninen über die Äpfel streuen und die Sauce darübergießen.

Form
Springform, Ø 30 cm, 7 cm hoher Rand

Zubereitungszeit

Backzeit
Elektro: 180 °C / 50 Minuten
Gas: Stufe 2–3 / 50 Minuten
Umluft: 170 °C / 45 Minuten

54 Sonntagskuchen

1 Die glattgerührte Butter, Zucker, Zitrone und Vanille mit dem Mehl und den Eigelb zu einem Teig kneten.

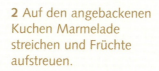

2 Auf den angebackenen Kuchen Marmelade streichen und Früchte aufstreuen.

3 Den restlichen Teig ausrollen, in Streifen schneiden und auflegen.

Sonntagskuchen • *Mürbeteigkuchen*

Preiselbeerkuchen

Butter, Puderzucker, Vanillemark und Zitronenschalenabrieb mit der Küchenmaschine glattrühren. Mit dem Mehl und den Eigelb zu einem Teig kneten. 1–2 Stunden im Kühlschrank gut kühlen lassen.
Die Hälfte des Teiges ausrollen und den Boden einer Form damit belegen. Ca. 1/4 des restlichen Teiges zu einer Rolle formen und einen kleinen Rand innerhalb des Tortenringes drücken.
Im Backofen nur kurz anbacken, bis der Boden eine ganz leichte Farbe angenommen hat.
Preiselbeermarmelade auf den Boden streichen. Frische Preiselbeeren aufstreuen. Den restlichen Teig ausrollen, in ca. 1 cm breite Streifen schneiden und zu einem Gitter legen, mit einem Rand abschließen (siehe Abbildung). Das Teiggitter mit einem verquirlten Ei bestreichen und den Kuchen in den heißen Backofen schieben.

Mürbeteig
550 g Butter
100 g Staubzucker
Mark von 1/2 Vanillestange
Abrieb von 1/2 Zitrone
650 g Mehl
5 Eigelb

Für die Füllung
500 g Preiselbeermarmelade
450 g frische Preiselbeeren oder Cranberries

Zum Bestreichen
1 verquirltes Ei

Form
flache Kuchenform mit Rand, Ø ca. 28 cm oder Tortenring, bzw. Springform

Tipp
Statt frischer Preiselbeeren oder Cranberries können auch Tiefkühl-Beeren verwendet werden. Nicht auftauen, sondern noch gefroren verwenden, damit die Füllung nicht zu flüssig wird.

Zubereitungszeit

Backzeit
Elektro: 180 °C / 45 Minuten
Gas: Stufe 2–3 / 45 Minuten
Umluft: 170 °C / 40 Minuten

Sonntagskuchen

1 Die im Mehl verriebene Butter mit den anderen Zutaten zu einem Teig kneten.

2 Teig ausrollen und mit Rand in die gebutterte Form legen (der Teig ist sehr dünn).

3 Früchte auflegen und Mandelsplitter darüberstreuen.

4 Sahnesauce darübergießen und backen.

Sonntagskuchen • *Mürbeteigkuchen* **57**

Aprikosen-Rahmkuchen

Mehl und Butter zwischen den Handflächen zu Streuseln verreiben und auf dem Backbrett zu einem Kranz formen. Zucker, Salz, Eigelb und Milch dazugeben und alles zu einem glatten Teig verarbeiten. Ca. 20 Minuten abgedeckt ruhen lassen. Frische Aprikosen waschen und halbieren. Eine flache Kuchenform ausbuttern und mit dem ausgerollten Teig inklusive Rand auslegen. Löffelbiskuit- oder Semmelbrösel auf den Boden streuen. Früchte auflegen, Mandelsplitter überstreuen und die Sahnesauce darübergießen; dazu werden in einer Schüssel Sahne, Zucker, Eier, Eigelb, Speisestärke und der Zitronenschalenabrieb glattgerührt.
In den vorgeheizten Backofen schieben und backen.
Dieser Kuchen kann auch mit anderen frischen Früchten hergestellt werden, z.B. mit Kirschen, Pfirsichen, Rhabarber oder Zwetschgen.

Geriebener Teig
250 g Mehl
125 g Butter
60 g Zucker
60 ml Milch
5 g Salz
2 Eigelb

Belag
1,2 kg Aprikosen

Zum Aufstreuen
50 g geriebene Löffelbiskuits oder Semmelbrösel
30 g gestiftelte Mandeln

Sahnesauce
400 ml Sahne
50 g Zucker
2 Eier
2 Eigelb
20 g Speisestärke
Abrieb von 1/2 Zitrone

Form
flache Kuchenform, Ø 30 cm

Zubereitungszeit

Backzeit
Elektro: 180 °C / 40 Minuten
Gas: Stufe 2–3 / 40 Minuten
Umluft: 170 °C / 35 Minuten

58 Sonntagskuchen

1 Butter mit Mehl verreiben und mit den anderen Zutaten einen Teig kneten.

2 Teig ausrollen und eine flache gebutterte Kuchenform damit auslegen.

3 Zwetschgen sehr dicht auf den mit geriebenen Löffelbiskuits bestreuten Teig legen.

Zwetschgenfleck

Sonntagskuchen • *Mürbeteigkuchen*

Die Butter mit dem Mehl zwischen den Händen verreiben. Zucker, Salz und Milch zugeben und alles zu einem Teig kneten. Ca. 1 Stunde abgedeckt im Kühlschrank entspannen lassen. Ausrollen und in die gebutterte Kuchenform legen. Dieser Teig ist sehr dünn und der Kuchen vermittelt dadurch ein ganz besonderes Geschmackserlebnis. Geriebene Löffelbiskuits auf den Teig streuen. Zwetschgen entsteinen, dreimal einschneiden und ganz dicht fast senkrecht auflegen. Im vorgeheizten Backofen backen, bis der Boden goldgelb ist. Sind die Zwetschgen sehr reif, empfiehlt es sich, die Backofentüre während des Backens mit einem Kochlöffel etwas offen zu halten. So kann der Dampf entweichen und der Boden wird nicht speckig. Aus dem Backofen genommen, sofort mit Zimtzucker überstreuen.

Geriebener Teig
125 g Butter
250 g Mehl
60 g Zucker
1 Prise Salz
70 ml Milch

Zum Aufstreuen
100 g geriebene Löffelbiskuits

Zum Überstreuen
100 g Zucker
1 TL gemahlener Zimt

Belag
ca. 1,5–2 kg Zwetschgen

Form
runde Kuchenform, Ø ca. 30 cm

Zubereitungszeit

Backzeit
Elektro: 180 °C / 40 Minuten
Gas: Stufe 2–3 / 40 Minuten
Umluft: 170 °C / 35 Minuten

Sonntagskuchen

1 Mürbeteigboden in der Größe der Springform oder des Tortenringes ausrollen.

2 Die im Wasserbad warm aufgeschlagenen Eier mit der Küchenmaschine kalt und locker schlagen.

3 Biskuitmasse in die Springform füllen und glattstreichen.

4 Früchte auf die Puddingschicht legen und mit Tortenguss abglänzen.

Sonntagskuchen • Mürbeteigkuchen

Himbeerkuchen

Für den Mürbeteig das Mehl abwiegen und davon einen Kranz bilden. In die Mitte Zucker, Butter, Salz, Zitronenschalenabrieb und das Eigelb geben. Alle Zutaten vermengen und zu einem Teig kneten, kurz kühlstellen. Danach einen Boden ausrollen und diesen backen.

Für die Biskuitmasse Eier, Eigelb und Zucker im Wasserbad warm schlagen, mit den Schneebesen der Küchenmaschine weiterschlagen, bis die Masse kalt ist. Mit dem Kochlöffel das Mehl darunter heben, zum Schluss die flüssige Butter zugeben. In eine Springform füllen und backen.

Auf den Mürbeteigboden dünn Marmelade streichen, den ausgekühlten Biskuitboden auflegen, den Tortenring darum stellen.

In einer Schüssel Milch, Vanillemark, Zucker, Eigelb und Speisestärke unter ständigem Rühren auf der Feuerstelle zum Kochen bringen. Diesen Pudding heiß auf den Biskuitboden geben und glattstreichen. Der darum gestellte Ring schützt vor dem Ablaufen. Kurz auskühlen lassen und mit frischen Himbeeren belegen. Mit Tortenguss überziehen.

Tipp

Im Winter schmeckt ein Himbeerkuchen mit tiefgefrorenen Beeren vorzüglich. In diesem Fall eine dünne Schicht Semmelbrösel auf den Pudding streuen, die Früchte gefroren auf den Kuchen legen und sofort mit heißem Gelee abglänzen.

Das Gelee muss bei gefrorenen Himbeeren etwas dicker sein; deshalb 2 Päckchen Tortenguss verwenden (mit 4 gestrichenen Esslöffeln Zucker und 1/2 l Wasser), da sonst die Gefahr besteht, dass der Saft der Früchte abläuft.

Mürbeteig

100 g Mehl, 35 g Zucker
70 g Butter, 1 Prise Salz
Abrieb von 1/8 Zitrone
1 Eigelb

Zum Bestreichen

ca. 100 g Johannisbeer-, Erdbeer- oder Himbeermarmelade

Biskuit

3 Eier
1 Eigelb
105 g Zucker
110 g Mehl
35 g Butter

Vanillecreme

200 ml Milch
Mark von 1/2 Vanillestange
40 g Zucker
2 Eigelb
20 g Speisestärke

Belag

1,2 kg Himbeeren
1 Pck Tortenguss
2 gestr. EL Zucker
1/4 l Wasser

Zum Aufstreuen

Semmelbrösel

Form
Springform, Ø 28–30 cm

Zubereitungszeit

Backzeit Mürbeteig
Elektro: 180 °C / 10 Minuten
Gas: Stufe 2–3 / 10 Minuten
Umluft: 170 °C / 9 Minuten

Backzeit Biskuit
Elektro: 180 °C / 12 Minuten
Gas: Stufe 2–3 / 12 Minuten
Umluft: 170 °C / 10 Minuten

Sonntagskuchen

1 Butter mit der Küchenmaschine glattrühren und mit allen Zutaten zu einem Teig kneten.

2 Äpfel feinhacken, mit Zucker, Sultaninen, Zimt und Zitrone vermischen und 2 Stunden abgedeckt ziehen lassen.

3 Gebutterte Form mit 2/3 des Mürbeteiges auslegen. Vom restlichen Teig den Deckel ausrollen.

4 Löffelbiskuit einstreu[en] Äpfel gleichmäßig, aber locker in der Form verteilen.

Gedeckter Apfelkuchen

Sonntagskuchen • Mürbeteigkuchen

Für den Mürbeteig das Mehl abwiegen und davon einen Kranz bilden. Butter mit der Küchenmaschine glatt rühren. In die Mitte des Mehlkranzes Zucker, Butter, Salz, Vanillemark, Zitronenschalenabrieb, Ei und Milch geben.
Gut vermengen und alles zu einem Teig kneten.
Eine Stunde kühlstellen (siehe auch Rezept Buttermürbeteig, Seite 10).
Äpfel schälen, vom Kernhaus befreien und fein schneiden bzw. hacken. Zucker, Sultaninen, Zimt und Zitronenschalenabrieb dazugeben und zwei Stunden abgedeckt ziehen lassen.
2/3 des Mürbeteiges ausrollen, den Boden und den Rand der gebutterten Form auslegen. Das restliche Teigdrittel in der Größe der Kuchenform ausrollen, auf eine Tortenscheibe legen und kühlstellen.
Geriebene Löffelbiskuits auf den Mürbeteig streuen und die nochmals gut vermischten Äpfel gleichmäßig und locker darauf verteilen.
Den kühlgestellten Mürbeteigdeckel auflegen und den Rand etwas festdrücken. Mit einem verquirlten Ei bestreichen, ein Gitter auf der Oberfläche einritzen und den Kuchen in den vorgeheizten Backofen schieben.

Mürbeteig
450 g Mehl
300 g Butter
150 g Zucker
1 Prise Salz
Mark von 1/4 Vanillestange
Abrieb von 1/4 Zitrone
1 Ei
50 ml Milch

Belag
1,7 kg feste Äpfel (z.B. Cox Orange)
50 g Zucker
40 g Sultaninen
1/3 TL gemahlener Zimt
Abrieb von 1/3 Zitrone
100 g Löffelbiskuits

Zum Bestreichen
1 verquirltes Ei

5 Mürbeteigdeckel auflegen und mit Ei bestreichen.

Form
Springform, Ø 28 cm

Zubereitungszeit

Backzeit
Elektro: 180 °C / 40 Minuten
Gas: Stufe 2–3 / 40 Minuten
Umluft: 170 °C / 35 Minuten

Sonntagskuchen

1 Alle Zutaten zu einem Mürbeteig verarbeiten bzw. kneten.

2 3/4 des Mürbeteiges als Boden ausrollen, vom Rest einen Strang formen und um den Rand legen.

3 1/3 der Biskuitmasse in Größe der Kuchenform auf ein Trennpapier streichen.

4 Unter die restliche Biskuitmasse geriebene Nüsse, Zimt und Kakaopulver rühren, auf den Mürbeteig füllen und glatt streichen.

5 Kirschen auf der Nussbiskuitmasse verte[ilen]

Florentiner Kirschkuchen

Sonntagskuchen • Mürbeteigkuchen

Für den **Mürbeteig** das Mehl abwiegen und davon einen Kranz bilden. In die Mitte Zucker, Butter, Salz, Vanillemark, Zitronenschalenabrieb und Eigelb geben. Alle Zutaten zusammen vermengen und zu einem Teig kneten.
3/4 Menge des Mürbeteiges als Boden ausrollen und in die gebutterte Form legen. Von dem Rest einen Strang formen und als Rand auflegen. Im heißen Backofen kurz backen – der Mürbeteig soll hell bleiben.
Für die **Biskuitmasse** Eier und Zucker im Wasserbad warm und mit dem elektrischen Handrührgerät wieder kalt schlagen. Zuerst Mehl, danach die aufgelöste lauwarme Butter unterheben. 1/3 dieser Masse in der Größe der Form auf Trennpapier streichen und zart backen (dies wird die Unterlage der Florentinermasse, s.u.). Unter die restliche Biskuitmasse geriebene Haselnüsse, Zimt und Kakaopulver heben und auf den leicht angebackenen Mürbeteig streichen. Entsteinte Kirschen auf der Nussbiskuitmasse verteilen, in den Backofen schieben und zart backen.
Florentinermasse: Zucker, Butter, Bienenhonig und Milch in einem Kessel kurz aufkochen und gehobelte Mandeln darunterheben. Die Masse noch heiß auf den dünnen Biskuitboden aufstreichen und im Backofen goldgelb backen. Sauerkirschmarmelade dünn über die Kirschen streichen. Mit einer Tortenscheibe den dünnen Biskuitboden mit der Florentinermasse vom Trennpapier abheben und auf die Kirschen legen.
Dieser Kuchen kann entweder mit eingemachten Kirschen oder Dosenkirschen gebacken werden, zur Kirschsaison natürlich mit knackig-frischen Kirschen.

Mürbeteig
300 g Mehl, 100 g Zucker
200 g Butter, 1 Prise Salz
Mark von 1/4 Vanillestange
Abrieb von 1/4 Zitrone
1 Eigelb

Biskuitmasse
7 Eier, 210 g Zucker
220 g Mehl, 70 g Butter

Nussbiskuit
100 g geriebene Haselnüsse
1 TL gemahlenen Zimt
1 TL Kakaopulver

Belag
1,2 kg Kirschen
100 g Sauerkirschmarmelade

Florentinermasse
150 g Zucker, 150 g Butter
90 g Bienenhonig, 60 ml Milch
170 g gehobelte Mandeln

6 Florentinermasse noch heiß auf dem dünnen, gebackenen Biskuitboden verstreichen.

Form
flache Form mit Rand, Ø ca. 30 cm oder Tortenring, Ø ca. 30 cm
Backtrennpapier

Zubereitungszeit

Backzeit Mürbeteig
Elektro: 180 °C / 11 Minuten
Gas: Stufe 2–3 / 11 Minuten
Umluft: 170 °C / 10 Minuten

~ dünner Biskuit
Elektro: 180 °C / 10 Minuten
Gas: Stufe 2–3 / 10 Minuten
Umluft: 170 °C / 9 Minuten

~ Nussbiskuit
Elektro: 180 °C / 13 Minuten
Gas: Stufe 2–3 / 13 Minuten
Umluft: 170 °C / 11 Minuten

66 Sonntagskuchen

1 Alle Zutaten vermengen und zu einem Teig kneten.

2 Gebackenen Mürbeteigboden mit Erdbeermarmelade bestreichen, Löffelbiskuits und Rhabarber auflegen.

3 Butter-Marzipanmasse daraufgeben und gleichmäßig verstreichen.

Sonntagskuchen • *Mürbeteigkuchen*

Sächsische Rhabarberschnitte

Für den Teig das Mehl abwiegen und einen Kranz bilden. In die Mitte Zucker, Butter, Salz, Vanillemark und die Eigelb geben. Alle Zutaten zusammen vermengen und zu einem Teig kneten. Eine Stunde kühl stellen. Den Teig auf Blechgröße ausrollen, auf das Backblech legen und ganz zart backen.
Erdbeermarmelade dünn auf den Boden streichen und die Löffelbiskuits eng darüberlegen. Rhabarber schälen, in Stücke schneiden und auflegen.
In der Küchenmaschine Butter und Marzipanrohmasse schaumig rühren, Eier, Sahne und Mehl zugeben. Diese Masse über dem Rhabarber gleichmäßig verteilen, glattstreichen und in den heißen Backofen schieben. Nach dem Backen mit Zimtzucker überstreuen.

Mürbeteig
450 g Mehl
150 g Zucker
300 g Butter
1 Prise Salz
Mark von 1/2 Vanillestange
2 Eigelb

Belag
150 g Erdbeermarmelade zum Bestreichen
150 g Löffelbiskuits zum Belegen
2,2 kg Rhabarber

Masse
250 g Butter
75 g Marzipanrohmasse
5 Eier
110 ml süße Sahne
40 g Mehl

Zum Überstreuen
80 g Zucker
1 gestr. TL gemahlener Zimt

Form
Kuchenblech, 40 × 30 cm

Zubereitungszeit

Backzeit Mürbeteig
Elektro: 180 °C / 8 Minuten
Gas: Stufe 2–3 / 8 Minuten
Umluft: 170 °C / 7 Minuten

Backzeit
Elektro: 180 °C / 50 Minuten
Gas: Stufe 2–3 / 50 Minuten
Umluft: 170 °C / 40 Minuten

Sonntagskuchen

1 Eier und Mehlmischung abwechselnd in die cremige Buttermasse geben und langsam glattrühren.

2 Sandmasse in die Form füllen und mit einem gebutterten Messer einschneiden.

3 Mit heißer Aprikosenmarmelade überpinseln.

4 Wasser und Puderzucker mit dem Pinsel verrühren und den Kuchen damit bestreichen.

Sandkuchen

Zimmertemperierte Butter und Zucker mit Vanillemark, Zitronenschalenabrieb in der Küchenmaschine glattrühren.
Eier in eine Schüssel schlagen. Mehl, Speisestärke und Backpulver vermischen. Eier und Mehlmischung abwechselnd in die Buttermasse geben. Auf langsamster Stufe mit den Knethaken nur glattrühren. Die gebutterte Sandkuchenform mit Mehl bestäuben und die Masse einfüllen.
Noch vor dem Backen mit einem in flüssige Butter getauchten Küchenmesser an der Oberfläche einschneiden. Wird dieser Vorgang mehrmals wiederholt, so entsteht an der Schnittfläche eine kleine Butterschicht, dadurch reißt der Kuchen beim Backen schön gleichmäßig. Nach dem Abkühlen aus der Form nehmen, die Oberfläche mit heißer Aprikosenmarmelade abpinseln und zum Schluss mit Zuckerglasur überziehen.

Sandmasse
280 g Butter
220 g Zucker
Mark von 1/2 Vanillestange
Abrieb von 1/2 Zitrone
5 Eier
240 g Mehl
80 g Speisestärke
1 geh. TL Backpulver

Glasur
70 g Aprikosenmarmelade
160 g Puderzucker
Wasser zum Anrühren

Form
rechteckige Sandkuchenform, ca. 10 cm breit und 30 cm lang, 10 cm hoch

Zubereitungszeit

Backzeit
Elektro: 180 °C / 50 Minuten
Gas: Stufe 2–3 / 50 Minuten
Umluft: 170 °C / 45 Minuten

Sonntagskuchen

1 Pfirsiche in Segmente schneiden und entsteinen.

2 Mehl, Speisestärke und Backpulver unter die Buttermasse rühren.

3 Auf die glattgestrichene Sandmasse die Pfirsiche verteilen.

4 Rum und Puderzucker verrühren und auf den heißen Kuchen aufpinseln.

Glasierter Pfirsichkuchen

Schöne reife Pfirsiche in schmale Segmente schneiden. Butter und Zucker mit dem Schneebesen glattrühren, Eier, Vanillemark und Zitronenschalenabrieb langsam zugeben. Die Masse nur glatt-, nicht schaumig rühren. Das Mehl, Speisestärke und das Backpulver in der Küchenmaschine langsam darunterrühren. Die Masse in die gebutterte Form füllen, glatt streichen und die Pfirsiche auflegen. In den vorgeheizten Backofen schieben und zart backen. Rum und Puderzucker glattrühren und mit einem Pinsel auf den heißen Kuchen auftragen.
Dieser Kuchen kann anstatt mit Pfirsichen auch mit Kirschen oder Äpfeln hergestellt werden.

Tipp
Zu Beginn der Pfirsichsaison sind diese noch sehr hart. Es empfiehlt sich dann, die Früchte kurz in kochendes Wasser zu legen und die Haut abzuziehen.

Belag
800 g Pfirsiche
(alternativ: Kirschen, Äpfel)

Sandmasse
280 g Butter
280 g Zucker
5 Eier
Mark von 1/2 Vanillestange
Abrieb von 1/2 Zitrone
230 g Mehl
75 g Speisestärke
1 gestr. TL Backpulver

Glasur
4 cl Rum
200 g Puderzucker

Form
runde Kuchenform, Ø ca. 30 cm

Zubereitungszeit

Backzeit
Elektro: 180 °C / 35 Minuten
Gas: Stufe 2–3 / 35 Minuten
Umluft: 170 °C / 30 Minuten

1 Eier und Mehlmischung abwechselnd in die schaumige Butter geben.

2 Sandmasse in der gebutterten Form glattstreichen.

3 Pflaumen halbieren und auf der Sandmasse verteilen.

Sonntagskuchen • *Sandkuchen*

Pflaumen-sandkuchen

Zimmerwarme Butter, Zucker und Bienenhonig schaumig rühren, Vanillemark und Zitronenschalenabrieb zugeben. Mehl, Speisestärke und Backpulver vermengen. Eier und Mehlmischung abwechselnd in die Buttermasse rühren. Die Masse in eine ausgebutterte Form geben und glattstreichen.
Große fleischige Pflaumen halbieren, den Stein entfernen und mit der Haut nach unten auf die Sandmasse legen.
Den Kuchen in den vorgeheizten Backofen schieben. Nach ca. 35 Minuten den Kuchen leicht betasten. Wenn er etwas federt, ist er fertig

Tipp
Als Belegfrüchte eignen sich auch Sauerkirschen und Johannisbeeren für diesen Kuchen.

Sandmasse
280 g Butter
140 g Zucker
140 g Bienenhonig
Mark von 1/2 Vanillestange
Abrieb von 1/2 Zitrone
230 g Mehl
75 g Speisestärke
1 gestr. TL Backpulver
5 Eier

Belag
800 g Pflaumen

Form
runde Kuchenform, Ø ca. 30 cm

Zubereitungszeit

Backzeit
Elektro: 180 °C / 35 Minuten
Gas: Stufe 2–3 / 35 Minuten
Umluft: 170 °C / 30 Minuten

74 Sonntagskuchen

1 Eier, Zucker, Zitrone im Wasserbad mit dem Schneebesen aufschlagen.

2 Mehl unter die Biskuitmasse heben, zum Schluss die geriebenen Mandeln und die warme Butter.

3 Speisequark in einem Tuch ausdrücken.

4 Geschlagene Sahne unter die glattgerührte Quarkmasse heben.

Sonntagskuchen • *Biskuitkuchen*

Quarkschnitte

Eier, Zucker und den Abrieb einer halben Zitrone mit dem Schneebesen im Wasserbad warm schlagen, mit dem elektrischen Handrührgerät kalt und locker aufschlagen (vgl. Biskuitmasse, Seite 12).
Mit einem Kochlöffel das Mehl unterheben, zum Schluss die geriebenen Mandeln und die flüssige, warme Butter.
Auf das gebutterte Kuchenblech streichen und zart backen.
Den Biskuitboden abkühlen lassen, waagerecht durchschneiden und den Boden mit Heidelbeermarmelade bestreichen.
Speisemagerquark in einem Küchentuch ausdrücken. Mit Zucker, Eiern, dem Zitronenschalenabrieb und Milch glattrühren.
Sahne ohne Zucker schlagen. Die im kalten Wasser eingeweichte Gelatine mit dem Rum in einer kleinen Schüssel auf der Feuerstelle auflösen und unter die Quarkmasse rühren. Zum Schluss die geschlagene Sahne unter die Quarkmasse heben. Diese Masse nun auf den mit Heidelbeermarmelade bestrichenen Biskuitboden geben und glätten.
Den zweiten Teil des Bodens auflegen und die Quarkschnitte kühlstellen.
In beliebig große Stücke schneiden und mit Kakaopulver übersieben.

Tipp
Wird dem Rezept wie hier Alkohol zugesetzt, so muss die eingeweichte Gelatine immer fest ausgedrückt werden, bevor sie mit dem Alkohol in einer Kasserolle kurz erhitzt wird (bis die Gelatine aufgelöst ist).

Biskuitboden
7 Eier
210 g Zucker
Abrieb von 1/2 Zitrone
230 g Mehl
60 g geriebene Mandeln
90 g Butter

Zum Bestreichen
300 g Heidelbeermarmelade

Quarkmasse
600 g Speisemagerquark
240 g Zucker
3 Eier
Abrieb von 1/2 Zitrone
150 ml Milch
750 ml Schlagsahne
10 Blatt Gelatine
2 cl Rum

Zum Übersieben
Kakaopulver

5 Biskuitboden waagerecht durchschneiden und Quarkmasse aufstreichen.

Form
Backblech, 40 × 30 cm

Zubereitungszeit

Backzeit
Elektro: 180 °C / 11 Minuten
Gas: Stufe 2–3 / 11 Minuten
Umluft: 170 °C / 9 Minuten

Sonntagskuchen

1 Mit dem Kochlöffel das Mehl unter die kalt und locker aufgeschlagene Eiermasse heben.

2 Zum Schluss die lauwarme Butter darunterheben.

3 Biskuitmasse auf das gefettete und mit Löffelbiskuits ausgestreute Backblech streichen.

4 Warme Vanillecreme auf den Biskuitboden streichen. Danach mit Beeren belegen.

Sonntagskuchen • *Biskuitkuchen*

Erdbeerkuchen
(oder Himbeerkuchen)

Eier, Zucker und Zitronenschalenabrieb im Wasserbad warm schlagen. Mit den Schneebesen des elektrischen Handrührers kalt und locker aufschlagen. Das Mehl mit dem Kochlöffel unterheben, zum Schluss die flüssige, warme Butter daruntergeben.

Das Kuchenblech buttern und mit geriebenen Löffelbiskuits dünn ausstreuen. Biskuitmasse auf das Kuchenblech geben und glattstreichen. Den Biskuit ganz zart backen.

Milch, Zucker, Eigelb, das Mark einer halben Vanilleschote und Speisestärke unter ständigem Rühren zum Kochen bringen und sofort auf den Biskuitboden verteilen. Geriebene Löffelbiskuits darüberstreuen. Dadurch bekommen die Erdbeeren eine gute Bindung zum Biskuit und rutschen nicht vom Kuchen. Frische halbierte Erdbeeren oder auch frische Himbeeren auflegen.

Mit aufgekochtem Tortenguss abglänzen.

Biskuitmasse
5 Eier
150 g Zucker
Abrieb von 1/2 Zitrone
155 g Mehl
50 g Butter

Zum Ausstreuen für das Kuchenblech
50 g Löffelbiskuits

Vanillecreme
200 ml Milch
30 g Zucker
2 Eigelb
Mark von 1/2 Vanillestange
20 g Speisestärke

Zum Überstreuen
50 g Löffelbiskuits

Zum Auflegen
ca. 1,5 kg Erdbeeren (oder Himbeeren)
1 Pck Tortenguss
2 gestr. EL Zucker
1/4 l Wasser

Form
Kuchenblech, 40 × 30 cm

Zubereitungszeit

Backzeit
Elektro: 180 °C / 12 Minuten
Gas: Stufe 2–3 / 12 Minuten
Umluft: 170 °C / 10 Minuten

Sonntagskuchen

1 Warm geschlagene Eier und Zucker mit der Küchenmaschine kalt und locker aufschlagen.

2 Biskuitmasse auf das mit Trennpapier belegte Blech streichen und Mandeln darüberstreuen.

3 Nach dem Backen ein weiteres Trennpapier auf die Roulade legen, mit Schwung wenden und das mitgebackene Papier abziehen.

4 Erdbeersahne auf die Roulade streichen, an einer Seite ganze Erdbeeren reihen.

Erdbeerroulade

Sonntagskuchen • Biskuitkuchen

Die Erdbeeren grob pürieren, Zucker und Zitronensaft dazugeben.
Eier, Zucker und Zitronenschalenabrieb im Wasserbad mit dem Schneebesen warm schlagen; mit dem elektrischen Handrührgerät weiter locker aufschlagen, bis die Masse kalt ist. Mehl darunterheben und zum Schluss die flüssige, lauwarme Butter unterziehen.
Die Biskuitmasse auf ein mit Trennpapier belegtes Blech in der Größe von ca. 40 × 30 cm gleichmäßig aufstreichen, gehobelte Haselnüsse oder Mandeln aufstreuen und im heißen Backofen goldgelb backen.
In der Zwischenzeit die Sahne schlagen, Gelatine auflösen und unter das Fruchtmark geben.
Nach dem Backen ein weiteres Trennpapier auf die noch heiße Biskuitplatte legen und diese mit Schwung wenden.
Das mitgebackene Papier abziehen. Die Roulade muss sofort gefüllt werden, je weicher sie noch ist, desto besser lässt sie sich rollen.
Die Sahne mit einem Schneebesen locker unter das Fruchtmark heben und auf die Roulade streichen. An einer Seite kleine bis mittelgroße ganze Erdbeeren auflegen. Von dieser Seite her aufrollen. Roulade ungefähr bis zur Mitte des Papiers zurückschieben und das Papier überschlagen.
Mit einer Holzschiene oder einem Lineal zur Rolle pressen.
Die Roulade in das gesamte Papier einschlagen und ca. 2–3 Stunden kühlstellen.
Beliebig verzieren.

Füllung
350 g Erdbeeren
120 g Zucker
Saft von 1/2 Zitrone
750 ml Sahne
8 Blatt Gelatine

Roulade
5 Eier
140 g Zucker
Abrieb von 1/3 Zitrone
150 g Mehl
40 g Butter
25 g gehobelte Haselnüsse oder Mandelblättchen

ca. 15 ganze Erdbeeren, je nach Größe

5 Roulade um die Erdbeeren etwas andrücken und von der Erdbeerseite her aufrollen.

6 Roulade auf dem Papier zur Mitte schieben, der Schluss muss unten liegen. Papier darüberschlagen und mit einem Lineal zur Roulade hin straffziehen.

Form
Backblech, 40 × 30 cm
Backtrennpapier

Zubereitungszeit

Backzeit
Elektro: 180 °C / 12 Minuten
Gas: Stufe 2–3 / 12 Minuten
Umluft: 170 °C / 11 Minuten

Sonntagskuchen

1 Butter, Zucker und Marzipanrohmasse glatt rühren.

2 Eier und Milch abwechselnd mit der Mehlmischung unterrühren.

3 1/3 der Marmorkuchenmasse unter das mit Wasser angerührte Kakaopulver rühren.

4 Schokoladenglasur im Wasserbad auflösen und den Kuchen damit übergießen und abpinseln.

Marmorkuchen

Gugelhupfform ausbuttern und mit Mehl bestäuben.
In der Küchenmaschine temperierte Butter, Marzipan und Zucker glattrühren. Vanillemark und Zitronenschalenabrieb zugeben. Mehl und Backpulver mischen. Milch in einer Schüssel leicht anwärmen und die Eier dazuschlagen. Abwechselnd Eier mit Milch und Mehlmischung in die Buttermasse geben, glatt-, aber nicht schaumig rühren, Kakaopulver mit etwas Wasser anrühren und unter 1/3 der Masse geben.
Mit einem Löffel abwechselnd helle und dunkle Teigmasse in der Form verteilen. Form in den vorgeheizten Backofen stellen.
Nach dem Backen und Auskühlen mit Puderzucker besieben oder mit Schokoladenglasur übergießen.

Marmormasse
170 g Butter
40 g Marzipanrohmasse
250 g Zucker
Mark von 1/2 Vanillestange
Abrieb von 1/2 Zitrone
330 g Mehl
2 geh. TL Backpulver
170 ml Milch
3 Eier
1 Eigelb

Dunkle Marmormasse
20 g Kakaopulver
Wasser zum Anrühren

Zum Verzieren
Puderzucker oder
Schokoladenglasur

Form
Gugelhupfform, Ø 26 cm

Zubereitungszeit

Backzeit
Elektro: 180 °C / 55 Minuten
Gas: Stufe 2–3 / 55 Minuten
Umluft: 170 °C / 50 Minuten

Sonntagskuchen

1 Butter, Zucker und Vanille schaumig rühren. Eier nach und nach zugeben.

2 Mit dem Kochlöffel die Mehlmischung darunterheben.

3 Alle Zutaten außer dem Rum in einer Schüssel im Wasserbad heiß und cremig schlagen.

Schlesischer Mohnkranz

Butter, Zucker und das Mark einer halben Vanilleschote schaumig rühren. Eier nach und nach zugeben.
Mehl, Speisestärke und Sultaninen abwiegen und mit dem Backpulver und dem frisch gemahlenen Mohn vermischen. Mit einem Kochlöffel die Mehlmischung unter die schaumige Butter heben.
Die Kranzform buttern und mit geriebenen Nüssen ausstreuen. Die Masse einfüllen und in den vorgeheizten Backofen schieben.
Für die Rumsauce Sahne, Milch, Zucker, Eigelb und Speisestärke in eine Schüssel geben und im Wasserbad solange mit dem Schneebesen schlagen, bis die Creme heiß und cremig bis dickflüssig ist. Nach dem Abkühlen den Rum zugeben. Vor dem Servieren die Rumsauce über den Mohnkranz gießen und dazureichen

Mohnmasse
350 g Butter
350 g Zucker
Mark von 1/2 Vanillestange
7 Eier
300 g Mehl
100 g Speisestärke
50 g Sultaninen
2 gestr. TL Backpulver
100 g frisch gemahlener Mohn

Zum Ausstreuen
50 g geriebene Nüsse

Rumsauce
200 ml Sahne
250 ml Milch
50 g Zucker
3 Eigelb
10 g (1 EL) Speisestärke
40 ml Rum

Form
Kranzform, Ø ca. 25 cm

Zubereitungszeit

Backzeit
Elektro: 180 °C / 50 Minuten
Gas: Stufe 2-3 / 50 Minuten
Umluft: 170 °C / 45 Minuten

Sonntagskuchen

1 Gehackte Äpfel und Ingwer mit dem Mehl und den Walnüssen mischen.

2 Butter und Zucker schaumig rühren, Eier und Milch zugeben.

3 Mit dem Kochlöffel die Mehlmischung mit den Früchten unterheben.

4 Rum und Puderzucker anrühren.

Ingwerkuchen

Ingwerpflaumen in Streifen schneiden oder Ingwerstäbchen mehrmals durchschneiden. Äpfel schälen, entkernen und fein schneiden.
Mehl und Backpulver mit dem Ingwer, den Äpfeln und Walnüssen vermischen.
Zimmerwarme Butter und Zucker schaumig rühren. Eier, Eigelb und lauwarme Milch langsam nach und nach zugeben.
Mit dem Kochlöffel die Mehlmischung unterheben, in die gebutterte Form füllen. Dieser Kuchen wird längere Zeit gebacken, da die Äpfel und der Ingwer sehr saftig sind.
Rum und Puderzucker anrühren und den gestürzten, noch warmen Kuchen damit überpinseln.
Als Garnitur Walnüsse oder Ingwerstäbchen auflegen.

Füllung
200 g eingelegte Ingwerpflaumen oder Ingwerstäbchen
120 g Äpfel
90 g Walnüsse/Baumnüsse

Masse
250 g Mehl
2 gestr. TL Backpulver
125 g Butter
180 g Zucker
2 Eier
1 Eigelb
125 ml Milch

Für die Glasur
60 g weißer Rum
300 g Puderzucker

Zum Belegen
halbierte Walnüsse/Baumnüsse
Ingwerstäbchen

Form
Rehrücken- oder Baumstammform,
32 cm lang × 12 cm breit

Zubereitungszeit

Backzeit
Elektro: 180 °C / 60 Minuten
Gas: Stufe 2–3 / 60 Minuten
Umluft: 160 °C / 50 Minuten

86 Sonntagskuchen

1 Sultaninen mit Rum übergießen und abgedeckt über Nacht ziehen lassen.

2 Butter und Zucker schaumig rühren, Eier, Eigelb und Vanille zugeben.

3 Mehlmischung mit dem Kochlöffel unter die Buttermasse rühren.

4 Masse in die gebutte und mit Löffelbiskuitbr ausgestreute Form fülle

Nürnberger Gewürzkuchen

Sultaninen mit Rum übergießen und abgedeckt über Nacht im Kühlschrank durchziehen lassen.
Mehl, Backpulver, Kakaopulver und Lebkuchengewürz abwiegen und mit den abgetropften Sultaninen vermischen.
Mit den Rührbesen der Küchenmaschine zimmerwarme Butter und Zucker schaumig rühren. Eier, Eigelb, Vanille und Milch nach und nach langsam zugeben.
Mit dem Kochlöffel die Mehlmischung unter die Buttermasse heben. Nur kurz glattrühren und in die gebutterte, mit Löffelbiskuitbröseln ausgestreute Gugelhupfform geben. In den vorgeheizten Backofen schieben und backen. Nach dem Erkalten den Gewürzkuchen mit Puderzucker übersieben oder mit Kuvertüre überziehen.

Gewürzmasse
100 g Sultaninen
5 cl Rum
330 g Mehl
20 g Backpulver
20 g Kakaopulver
40 g Lebkuchengewürz
180 g Butter
250 g Zucker
3 Eier
1 Eigelb
Mark von 1/2 Vanillestange
170 ml Milch

Zum Ausstreuen
Butter zum Ausfetten
Löffelbiskuits

Zum Verzieren
Puderzucker
Kuvertüre

Backform
Gugelhupfform, Ø 26 cm

Zubereitungszeit
Sultaninen über Nacht + 🕐 🕐

Backzeit
Elektro: 180 °C / 50 Minuten
Gas: Stufe 2–3 / 50 Minuten
Umluft: 170 °C / 45 Minuten

Sonntagskuchen

1 Butter im Mehl fein hacken und gewürfeltes Orangeat darunterheben.

2 Schaumiges Eigelb, geschlagenes Eiweiß und die Mehlmischung locker untermischen.

3 Den ausgekühlten Kuchen wieder in die Form stürzen und mit Tränke übergießen.

4 Mit heißer Orangenmarmelade überpinseln.

Beschwipster Orangenkranz

Gugelhupfform oder kleine Savarinförmchen ausbuttern und mit Mehl ausstäuben. Mehl und Butter abwiegen. Mit einem Messer die Butter im Mehl fein hacken, gewürfeltes Orangeat dazugeben. Eigelb und Eiweiß trennen.

Die Eigelb mit Zucker schaumig schlagen, Eiweiß mit Zucker zu Schnee schlagen. Den Eischnee unter die Eigelb heben und das Mehl mit der Butter und dem Orangeat darunterheben. In die Form füllen und backen.

Nach dem Backen den Gugelhupf bzw. die Kränzchen aus den Formen stürzen und abkühlen lassen.

Wasser und Zucker zum Kochen bringen, den Cointreau zugeben und sofort von der Feuerstelle nehmen. Den ausgekühlten Gugelhupf wieder in die Form stürzen und die heiße Flüssigkeit darübergießen. 20 Minuten stehen lassen, auf ein Gitter stürzen und mit heißer Orangenmarmelade bepinseln (vorsichtig auftupfen).

Mit Orangenfilets und geschlagener Sahne garnieren.

Im Kühlschrank kann der gebackene Gugelhupf, mit einem Frischhaltebeutel abgedeckt, 1–2 Tage aufbewahrt werden.

Kuchenmasse
170 g Mehl
80 g Butter
70 g gewürfeltes Orangeat
6 Eigelb
80 g Zucker
6 Eiweiß
80 g Zucker

Zum Übergießen
300 ml Wasser
200 g Zucker
250 g Cointreau

Zum Glasieren
350 g Orangenmarmelade

Zur Dekoration
Orangenfilets von 2 Orangen
Schlagsahne zum Garnieren

Form
Gugelhupfform, Ø 26 cm
oder Savarinförmchen

Zubereitungszeit

Backzeit
Elektro: 180 °C / 45 Minuten
Gas: Stufe 2–3 / 45 Minuten
Umluft: 170 °C / 40 Minuten
(in Savarinförmchen ca. 20 Minuten)

Variante
Der Kuchen kann auch mit einer Zuckerglasur aus 150 g Puderzucker und 2–3 Esslöffeln Wasser überzogen werden.

Sonntagskuchen

1 Für die Füllung Butter, Zucker und geriebene Löffelbiskuits auf der Feuerstelle 2 Minuten abrösten.

2 Auf den dünn ausgezogenen Strudelteig Biskuitbrösel und Rhabarber verteilen.

3 Strudel zusammenrollen und auf das Backblech legen.

4 Während des Backen dreimal mit leicht geschlagener Sahne überpinseln.

Apfelstrudel/ Rhabarberstrudel

Sonntagskuchen • *Sonstige Kuchen*

Mehl, Butter, Salz, Wasser, Öl und Ei zu einem glatten Teig auf dem Backbrett oder in einer Schüssel mit den Knethaken der Küchenmaschine arbeiten (vgl. Grundrezept Buttermürbeteig, Seite 10). Mit einem Tuch abgedeckt ca. 1 Stunde ruhen lassen.
Rhabarber schälen und in Stücke schneiden. Oder Äpfel schälen, entkernen und klein schneiden. Mit dem Limettensaft sofort überträufeln, damit die Apfelstücke nicht braun werden, und mit den Mandeln und Rosinen vermischen.
Butter, Zucker (beim Apfelstrudel mit Zimt) und geriebene Löffelbiskuits in einem Topf erhitzen und unter ständigem Rühren mit einem Kochlöffel ca. 2 Minuten abrösten. Aus dem Topf nehmen und abkühlen lassen.
Strudelteig ausrollen und mit der Hand über den anderen Handrücken hauchdünn ausziehen (Format ca. 40 × 30 cm). Auf das Backbrett legen, die abgekühlten, gerösteten Brösel aufstreuen, zum Schluss den Rhabarber oder die Apfelmasse dazugeben. Vorsichtig zusammenrollen und auf das gebutterte Backblech oder in eine gebutterte Form legen. In den vorgeheizten Backofen schieben, 20 Minuten backen. Kurz herausnehmen und mit 1/3 der leicht angeschlagenen Sahne überstreichen.
Diesen Vorgang noch zweimal im Abstand von 10 Minuten wiederholen. Mit leicht gesüßter, halb geschlagener Sahne servieren.

Strudelteig
250 g Mehl
20 g Butter
1 Prise Salz
90 ml Wasser
1 EL Öl
1 Ei

Zum Abrösten für den Rhabarberstrudel
100 g Butter
200 g Zucker
175 g Löffelbiskuits

Zum Abrösten für den Apfelstrudel
100 g Butter
100 g Zucker
1 TL gemahlener Zimt
175 g Löffelbiskuits

Füllung für den Rhabarberstrudel
1,5 kg Rhabarber

Füllung für den Apfelstrudel
1,5 kg Äpfel
(Boskoop oder Elstar)
Saft von 2 Limetten
70 g gestiftelte Mandeln
100 g Rosinen

Zum Überstreichen
200 ml Sahne,
leicht angeschlagen

Form
Backblech, 40 × 30 cm

Zubereitungszeit

Backzeit
Elektro: 180 °C / 45 Minuten
Gas: Stufe 2–3 / 45 Minuten
Umluft: 170 °C / 40 Minuten

Sonntagskuchen

1 Eischnee mit dem Spritzbeutel mit Lochtülle als Boden, mit Sterntülle als Rand spritzen.

2 Brombeergrütze für die Füllung kurz aufkochen.

3 Boden der Torteletts mit aufgelöster Kuvertüre bestreichen und Brombeergrütze einfüllen.

Brombeertörtchen

Eiweiß in einem fettfreien Kessel mit der Küchenmaschine zu Schnee schlagen. Die Hälfte des Zuckers langsam nach und nach zugeben. Den restlichen Zucker mit einem Kochlöffel unter die Eiweiß heben. Mit einem Spritzbeutel mit Lochtülle runde Böden und mit der Sterntülle deren Rand auf ein mit Trennpapier belegtes Blech spritzen. Bei 80 °C in den abgeschalteten Backofen schieben und über Nacht trocknen.
Am nächsten Tag dünn mit Schokoladenglasur aus Kuvertüre (siehe Seite 15) bestreichen, um ein zu schnelles Durchweichen zu verhindern.
In einer Schüssel Himbeersirup, Weißwein, Zucker und Speisestärke aufkochen. Brombeeren unterziehen, nochmals kurz aufwallen lassen und zum Abkühlen beiseite stellen.
Die erkaltete Brombeergrütze in die Torteletts füllen. Als Garnierung in die Mitte einen Tupfen Sahne spritzen, frische Brombeeren zwischen Rand und Sahne legen. Außerhalb der Brombeersaison können auch gefrorene Früchte verwendet werden.
Anstelle der Brombeeren eignen sich auch Himbeeren, Johannisbeeren, Erdbeeren oder diese Früchte gemischt.

Baisermasse
5 Eiweiß
300 g Zucker

Zum Bestreichen
ca. 50 g Kuvertüre

Füllung
100 g Himbeersirup
150 ml Weißwein
75 g Zucker
40 g Speisestärke
750 g Brombeeren

Zum Garnieren
1/4 l Sahne
Brombeeren zum Belegen

Ergibt ca. 8–9 Stück,
Ø ca. 12 cm

Form
Backblech, 40 × 30 cm

Zubereitungszeit
🕐 🕐 + über Nacht

Backzeit
Über Nacht im auf 80 °C erwärmten, dann abgeschalteten Backofen.

Sonntagskuchen

1 Brötchen vom Vortag würfelig schneiden.

2 Eier-Sahnemasse gut glattrühren, dann Brötchen, Kirschen und Zimt darunterheben.

3 Nach der halben Backzeit buttern und kräftig mit Zimtzucker überstreuen.

Sonntagskuchen • *Sonstige Kuchen*

Fränkisches Kirschenmännla

Einen Tag alte Brötchen in Würfel schneiden. Milch, Sahne, Eier, Zucker und Zitronenschalenabrieb in einer Schüssel mit dem Schneebesen glattrühren.
Frische Kirschen entsteinen. Brötchen, Kirschen und Zimt unter die Eier-Sahnemischung heben und etwas ziehen lassen.
Backblech oder Form kräftig ausbuttern und die Masse einfüllen. In den vorgeheizten Backofen schieben. Nach der halben Backzeit mit flüssiger Butter bepinseln und Zimtzucker darüberstreuen.
Zum Kirschenmännla wird Vanillesauce gereicht: Milch, Sahne, Eigelb, Zucker, Speisestärke und Vanillemark unter ständigem Rühren im Wasserbad aufschlagen, bis die Masse sämig ist, danach abkühlen lassen.
Am besten schmeckt diese echt fränkische Spezialität, wenn das »Kirschenmännla« noch warm mit kalter Vanillesauce serviert wird!

Füllung
10 alte Brötchen
1/2 l Milch
1/2 l Sahne
4 Eier
70 g Zucker
Abrieb von 1/2 Zitrone
1 TL gemahlener Zimt

Belag
1,8 kg frische Kirschen

Zum Überpinseln
120 g Butter

Zimtzucker
70 g Zucker
1 TL gemahlener Zimt

Vanillesauce
1/4 l Milch
1/4 l Sahne
3 Eigelb
40 g Zucker
10 g Speisestärke
Mark von 1 Vanillestange

Form
Backblech oder Auflaufform, ca. 30 × 15 cm, 5–6 cm hoch

Zubereitungszeit

Backzeit
Elektro: 180 °C / 50 Minuten
Gas: Stufe 2–3 / 50 Minuten
Umluft: 170 °C / 45 Minuten

Sonntagskuchen

1 Brandteig eine Minute auf der Feuerstelle abrösten.

2 Nach und nach die Eier zugeben und mit dem Kochlöffel unterrühren.

3 Mit dem Spritzbeutel ein Herz aufspritzen.

4 Das Herz waagerech durchschneiden und das Oberteil mit heißer Johannisbeergelee bestreichen.

Sonntagskuchen • *Sonstige Kuchen*

Herz zum *Verschenken*

Einen Brandteig herstellen. Dazu Milch, Butter, Zucker und Salz in einem Topf zum Kochen bringen. Das Mehl unter ständigem Rühren mit den Kochlöffel dazugeben und eine Minute abrösten.
In einer Schüssel abkühlen lassen. Nach und nach die Eier einzeln zugeben. Nach jedem Ei die Masse mit dem Kochlöffel glattrühren. Mit einem Spritzbeutel mit Sterntülle Nr. 14 ein Herz auf ein mit Backtrennpapier belegtes Blech spritzen. In den vorgeheizten Backofen schieben und backen. Nach dem Auskühlen das Herz vorsichtig waagerecht durchschneiden. Das Oberteil mit heißem Himbeergelee bestreichen. Puderzucker und Wasser dickflüssig anrühren und über das inzwischen abgetrocknete rote Gelee pinseln.
Sahne schlagen. Die im kalten Wasser eingeweichte Gelatine ausdrücken, auf der Feuerstelle auflösen und unter die Sahne heben.
Kiwis schälen und in Scheiben schneiden, küchenfertig vorbereitete Erdbeeren halbieren. Die Sahne mit einem Spritzbeutel auf den Herzboden spritzen. Die Früchte darüber verteilen und das Oberteil aufsetzen.

Brandteig
150 ml Milch
30 g Butter
1 Prise Zucker
1 Prise Salz
90 g Mehl
2 Eier
1 Eigelb

Zum Glasieren
120 g Johannisbeer- oder Himbeergelee
200 g Puderzucker
etwas Wasser

Füllung
500 ml geschlagene Sahne
2 Blatt Gelatine
2 kleine Kiwis
ca. 10 mittelgroße Erdbeeren

5 Geschlagene Sahne auf den Boden spritzen und Früchte auflegen.

Form
Backblech, 40 × 30 cm

Zubereitungszeit

Backzeit
Elektro: 180 °C / 30–35 Minuten
Gas: Stufe 2–3 / 30–35 Minuten
Umluft: 170 °C / 25–30 Minuten

Sonntagskuchen

1 Creme kochen und Gelatine unterrühren.

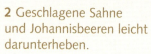

2 Geschlagene Sahne und Johannisbeeren leicht darunterheben.

3 In die mit Wasser ausgespülte Gugelhupfform einfüllen, danach Löffelbiskuits auflegen.

Bayerischer Johannisbeergugelhupf

Sonntagskuchen • *Sonstige Kuchen*

Milch, Eigelb, Speisestärke und Zucker in einem Kessel unter ständigem Rühren zum Kochen bringen. Die im kalten Wasser eingeweichte Gelatine ausdrücken und unter die noch heiße Creme rühren. In der Zeit, bis die Creme leicht abgekühlt ist, die Johannisbeeren abzupfen und waschen.
Sahne schlagen und mit den Johannisbeeren unter die Creme heben. Diese Masse in eine mit kaltem Wasser ausgespülte Gugelhupfform füllen und Löffelbiskuits auflegen, bis die Form ganz abgedeckt ist (die Löffelbiskuits dafür ein wenig zuschneiden). 4–6 Stunden – am besten über Nacht – im Kühlschrank gut durchkühlen lassen und stürzen. Dazu die Form bis zum Rand kurz in heißes Wasser halten.
Mit Johannisbeerrispen garnieren und Crème de Cassis darüberträufeln.

Sahnecreme
400 ml Milch
4 Eigelb
40 g Speisestärke
40 g Zucker
8 Blatt Gelatine

400 g Johannisbeeren, halb rot, und halb schwarz
800 ml Sahne

Zum Auflegen
ca. 200 g Löffelbiskuits

Zum Garnieren
2 cl Crème de Cassis
Johannisbeerrispen

Form
Guglhupfform, Ø 26 cm

Zubereitungszeit

Kühlzeit
4–6 Stunden im Kühlschrank

100 Festtagstorten

1 Löffelbiskuits aufspritzen, ca. 5 cm lang.

2 Schokoladen- und Champagner-Sahne mit je der Hälfte Grundcreme zubereiten.

3 Schokoladen-Sahne einfüllen, Löffelbiskuits und Biskuitabschnitte auflegen.

4 Die Champagner-Sah aufstreichen und weiß Kuvertürespäne aufleg

Champagner-Sahnetorte

Eigelb, den Zucker und Zitronenschalenabrieb mit dem elektrischen Handrührgerät schaumig rühren. Eiweiß und Zucker zu cremigem Schnee schlagen. Beide Massen zusammenfügen. Mit dem Kochlöffel Mehl und Speisestärke unterarbeiten.
Den Boden der Springform fetten und mit Backtrennpapier auslegen. Ein Drittel der Masse einfüllen, glattstreichen und backen.
Von der restlichen Masse mit einem Spritzbeutel, Lochtülle Nr. 8, Löffelbiskuits auf ein mit Trennpapier belegtes Blech aufspritzen (5 cm lang). Zart mit Puderzucker übersieben und backen.
Für die Grundcreme die Blattgelatine in kaltem Wasser einweichen. Milch, Puddingpulver, Zucker und Eigelb in eine Schüssel geben und unter ständigem Rühren aufkochen. Die ausgedrückte Blattgelatine unterrühren. Den Boden aus der Form nehmen und ringsum zuschneiden, sodass er ca. 4 cm im Durchmesser kleiner ist. Auf eine Platte legen und den Springformrand darum stellen. Diesen leicht fetten und einen Streifen Backtrennpapier herumlegen. Die Löffelbiskuits vom Backtrennpapier lösen und senkrecht nebeneinander mit der Oberseite nach außen, an den Springformrand stellen.
Die Sahne mit dem Zucker steif schlagen.
Für die Schokoladensahne Kuvertüre im Wasserbad oder in der Mikrowelle auflösen. Die abgekühlte Grundcreme mit dem elektrischen Handrührgerät glatt rühren. Die Hälfte dieser Creme in die Kuvertüre geben; den Rum und die Hälfte der Sahne zugeben. Kräftig durchrühren und einfüllen. Die übrigen Löffelbiskuits und den abgeschnittenen Rand des Bodens auflegen.
Den Marc de Champagne in die zweite Hälfte der Grundcreme geben. Durchrühren und die restliche Sahne darunterheben. Auf den Biskuitdeckel streichen und kühlstellen. Nach ca. 4 Stunden den Springformrand lösen und abheben. Weiße Kuvertüre abschaben und die Späne auf der Torte verteilen.

Tipp
Da die Löffelbiskuitmasse empfindlich ist, sollte sie möglichst rasch verarbeitet und gebacken werden. Der Eischnee muss dafür richtig steif sein, sonst ist die Masse zum Aufspritzen zu weich. Einfacher ist es, die Löffelbiskuits im Laden zu kaufen.

Boden und Löffelbiskuits
6 Eigelb
30 g Zucker
Abrieb von 1/2 Zitrone
6 Eiweiß
90 g Zucker
75 g Mehl
75 g Speisestärke

Grundcreme
4 Blatt Gelatine
1/4 l Milch
25 g Vanillepuddingpulver
30 g Zucker
1 Eigelb
700 ml Sahne
50 g Zucker

Schokoladensahne
120 g Zartbitter-Kuvertüre
1/2 Grundcreme
30 ml Rum
1/2 Sahne

Champagner-Sahne
70 ml Marc de Champagne
1/2 Grundcreme
1/2 Sahne

Für die Garnitur
weiße Kuvertürespäne

Form
Springform, Ø 28 cm, Backblech, 40 × 30 cm

Zubereitungszeit

Backzeit Löffelbiskuits
Elektro: 180 °C / 8–10 Minuten
Gas: Stufe 2–3 / 8–10 Minuten
Umluft: 170 °C / 7–9 Minuten
Für den Boden jeweils 2–4 Minuten länger

Festtagstorten

1 Zwei Baiserböden spiralförmig aufspritzen.

2 Instant-Kaffee in Rum auflösen, Gelatine unterrühren und Sahne unterheben.

3 Die restliche Sahne auf dem zweiten Boden verteilen und ganz einstreichen.

Mokka-Sahnetorte

Die Mandelblättchen für die Garnitur auf einem Blech verteilen und im Backofen bei ca. 170 °C goldgelb rösten. Den Backofen abschalten und bei offener Türe die Temperatur auf 130 °C fallen lassen.
Eiweiß und die Hälfte des Zuckers zu einem cremigen Schnee schlagen. Den restlichen Zucker mit dem Kochlöffel unterheben.
Mit einem Spritzbeutel, Lochtülle Nr. 14, zwei Böden von 28 cm Ø spiralförmig auf zwei mit Backtrennpapier belegte Backbleche spritzen. Beide Bleche in den auf ca. 120–130 °C warmen, abgeschalteten Backofen schieben. Die Türe mit einem Holzlöffel einen Spalt offen halten und die Böden über Nacht trocknen lassen.
Kuvertüre im Wasserbad auflösen. Einen Tortenboden mit einem Pinsel damit bestreichen und auf eine Platte legen.
Die Mokkaschokolade zum Einstreuen sehr fein hacken.
Blattgelatine in kaltem Wasser einweichen.
Die Sahne und den Zucker in der Küchenmaschine steifschlagen.
Den Instant-Kaffee mit dem Rum in einer Kasserolle anrühren.
Die Blattgelatine gut ausdrücken und auf der Feuerstelle auflösen. Den angerührten Kaffee zugeben. Mit dem Schneebesen unter die Sahne rühren. Die Hälfte der Mokkasahne auf den bestrichenen Baiserboden verteilen, glattstreichen und die Mokkaschokolade aufstreuen.
Den zweiten Boden auflegen, die restliche Sahne darüber verteilen und die Torte ganz einstreichen.
Die gerösteten Mandelblättchen über die ganze Torte streuen. 3 Stunden kühlstellen und leicht mit Puderzucker übersieben.

Zum Aufstreuen
80 g Mandelblättchen

Baiserböden
8 Eiweiß
250 g Zucker

Zum Bestreichen
50 g Zartbitter-Kuvertüre

Zum Einstreuen
100 g Mokkaschokolade

Füllung
4 Blatt Gelatine
800 ml Sahne
60 g Zucker
25 g Instant-Kaffee
100 ml Rum

Zum Überstäuben
Puderzucker

Form
Backblech, 40 × 30 cm

Zubereitungszeit
🕐 🕐 + über Nacht

Back- bzw. Trockenzeit
Elektro: zuerst 150 °C, dann abschalten / über Nacht
Gas: 2–3, dann abschalten / über Nacht
Umluft: zuerst 150 °C, dann abschalten / über Nacht

Tipps
Baisermasse zieht aus der Luft Feuchtigkeit an. Daher die Böden bei feuchter Witterung evtl. am nächsten Tag einige Minuten bei 150° C nachbacken.
Zur Dekoration einen kleinen Teil der steifgeschlagenen Sahne zurückbehalten und vor den Mandelblättchen zum Schluss verstreichen.

Festtagstorten

1 Nach und nach die Eier unter die abgeröstete Brandmasse rühren.

2 Brandteigboden aufstreichen.

3 Sahne aufstreichen, frische Preiselbeeren aufstreuen.

4 Den obersten Boden mit Kuvertüre bestreichen und gestiftelte Mandeln aufstreuen.

Preiselbeer-Sahnetorte

Milch, Butter, Zucker und Salz zum Kochen bringen. Unter ständigem Rühren das Mehl zugeben und ca. 1 Minute abrösten. Die abgeröstete Masse in eine frische Schüssel geben und auskühlen lassen. Die Eier einzeln mit dem Kochlöffel unter die Masse rühren. Nach jedem Ei die Masse mit dem Kochlöffel glattrühren.
Die Masse auf drei mit Trennpapier belegte Bleche in der Größe eines Springformringes aufstreichen. Nacheinander mit dem umstellten Ring in den vorgeheizten Backofen schieben und backen.
Mandelstifte auf dem Backblech verteilen und goldgelb rösten.
Blattgelatine im kalten Wasser einweichen. Eigelb, Zucker und Milch in einem Kessel im Wasserbad cremig schlagen. Die ausgedrückte Blattgelatine darin auflösen und abkühlen lassen.
Zartbitter-Kuvertüre im Wasserbad auflösen. Den ersten Tortenboden auf eine Platte legen und mit der Hälfte der Kuvertüre einpinseln.
Preiselbeerkonfitüre mit einem Löffel darüber verteilen. Den mit Papier ausgelegten Springformring darum stellen. Die Sahne steif schlagen und unter die fast kalte Creme rühren; die frischen Preiselbeeren zugeben. Die Hälfte der Sahne auf dem Boden verteilen und den zweiten Boden auflegen. Die restliche Sahne daraufstreichen, den dritten Boden auflegen und die Torte kühlstellen. Den Springformring und das Papier entfernen und den obersten Boden mit der restlichen, lauwarmen Kuvertüre bestreichen. Die gerösteten Mandelstifte über die Torte streuen und 2 Stunden kühlstellen.

Festtagstorten • Sahnetorten

Brandmasse
350 ml Milch
80 g Butter
1 Prise Zucker
1 Prise Salz
210 g Mehl
7 Eier
1 Eigelb

Für die Garnitur
30 g gestiftelte Mandeln

Füllung
7 Blatt Gelatine
7 Eigelb
100 g Zucker
375 ml Milch
300 g Preiselbeerkonfitüre
700 ml Sahne
200 g frische Preiselbeeren

Zum Bestreichen
250 g Zartbitter-Kuvertüre

Form
Springformring, Ø 28 cm,
Backblech 40 × 30 cm

Zubereitungszeit
☺ ☺ ☺

Backzeit
Elektro: 180 °C / 35 Minuten
Gas: Stufe 2–3 / 35 Minuten
Umluft: 170 °C / 30 Minuten

Tipp
Statt frischer Preiselbeeren können auch gut Tiefkühlbeeren verwendet werden. Diese sollten jedoch immer gefroren verarbeitet werden, sonst wird die Füllung zu flüssig.

106 Festtagstorten

1 Schokoladensahne, Vanillesahne und Bananen vorbereiten.

2 Die Bananen mit der Vanillesahne vorsichtig unterheben, damit die Sahne steif bleibt.

3 Die Hälfte auf den Schokoladen-Biskuitboden streichen und den Biskuitdeckel auflegen.

4 Mit der restlichen Sahne bestreichen.

Bananen-Schokoladentorte

Festtagstorten • *Sahnetorten*

Mehl und Kakaopulver vermischen. Eigelb, Zucker und Wasser schaumig rühren. Eiweiß und Zucker zu einem cremigen Schnee schlagen. Beide Massen zusammenfügen und das vermischte Mehl mit dem Kochlöffel unterarbeiten. In die gebutterte Springform füllen, in den heißen Backofen schieben und backen.

Den Schokoladenboden nach dem Auskühlen einmal quer durchschneiden. Das Unterteil auf eine Platte legen, den Ring der Springform, mit Trennpapier ausgelegt, darum stellen.

Wasser, Puderzucker und Rum anrühren und mit einem Pinsel den Boden befeuchten. Die Blattgelatine im kalten Wasser einweichen. Die Kuvertüre in der Mikrowelle oder im Wasserbad auflösen. Bananen schälen und in kleine Stücke schneiden. Die Sahne mit dem Zucker steifschlagen.

Vanillesahne: Die Hälfte der Sahne und das Mark der Vanilleschote in eine Schüssel geben. Die Blattgelatine in einer Kasserolle auflösen und unter die Sahne rühren.

Schokoladensahne: Von der restlichen Sahne einen Teil in die Kuvertüre geben und kräftig durchrühren. Den Rest vorsichtig unterheben.

Die Vanille- und die Schokoladensahne mit den Bananen zusammengeben und mit einem Kochlöffel streifenförmig vermischen. Die Hälfte der marmorierten Sahne auf den Tortenboden geben und glattstreichen. Den zweiten Schokoladenboden auflegen und tränken. Die restliche Sahne darüber verstreichen und die Torte ca. 2 Stunden kühlstellen.

Die Sahne für die Garnitur schlagen und mit einem Spritzbeutel Rosetten aufspritzen. Die Marzipanbananen auflegen. In die Mitte einige Kuvertürespäne (siehe Seite 15) auftragen.

Tipp
Bananen immer erst kurz vor der Verwendung aufschneiden und sofort mit Haushaltsfolie luftdicht abdecken, damit sie nicht braun werden.

Schokoladenboden
40 g Mehl
30 g Kakaopulver
5 Eigelb
30 g Zucker
20 ml Wasser
5 Eiweiß
100 g Zucker

Sahnefüllung
1 l Sahne
60 g Zucker
2 mittelgroße Bananen

Zur Vanillesahne
2 Blatt Gelatine
Mark von 1 Vanillestange

Zur Schokoladensahne
120 g Zartbitter-Kuvertüre

Zum Tränken
60 ml Wasser
1 TL Puderzucker
30 ml Rum

Für die Garnitur
16 Marzipanbananen
200 ml Sahne
20 g Zucker
Kuvertürespäne

Form
Springform, Ø 28 cm

Zubereitungszeit

Backzeit
Elektro: 180 °C / 25 Minuten
Gas: Stufe 2–3 / 25 Minuten
Umluft: 170 °C / 22 Minuten

108 Festtagstorten

1 Auf dem halbierten Walnussboden Kirschen und Walnüsse verteilen.

2 Die restliche Sahne verteilen, glattstreichen und die Torte kühlstellen.

3 Die Torte ganz mit Marzipan bedecken.

Walnuss-Sahnetorte

Die Walnüsse für den Boden mit dem Wellholz (Kuchenrolle) zerkleinern, mit dem Mehl, Zimt und den Semmelbröseln gut vermischen. Die Butter etwas anwärmen. Marzipanrohmasse, Zucker und Eigelb mit der Küchenmaschine schaumig rühren. Eiweiß mit dem Zucker zu Schnee schlagen. Beide Massen vorsichtig zusammenrühren und die Mehlmischung unterarbeiten. In die gebutterte Springform füllen und backen.
Wasser, Zucker und Rum für die Tränke anrühren. Blattgelatine im kalten Wasser einweichen. Sahne und Zucker steifschlagen. Gelatine mit dem Rum auf der Feuerstelle auflösen und unter die Sahne rühren.
Den Nussboden einmal waagrecht durchschneiden. Das Unterteil auf eine Platte legen und den Ring der Springform, mit Papier ausgelegt, darum stellen. 1/3 der Sahne aufstreichen, Walnüsse und Kirschen darauf verteilen. Den zweiten Boden auflegen und tränken. Die restliche Sahne einfüllen und die Torte kaltstellen. Nach ca. 4 Stunden den Springformring abnehmen. Marzipan mit dem Puderzucker durchkneten und mit Hilfe von etwas Puderzucker dünn ausrollen. Die Torte damit ganz eindecken.
Spritzschokolade beliebig aufspritzen und auf jedes Tortenstückchen eine halbe Walnuss legen.

Tipp
Soll ein Rezept völlig ohne Alkohol hergestellt werden, kann die angegebene Alkoholmenge zum Auflösen der Gelatine auch durch Fruchtsaft ausgetauscht werden.

Form
Springform, Ø 28 cm

Zubereitungszeit

Backzeit
Elektro: 180 °C / 35 Minuten
Gas: Stufe 2-3 / 35 Minuten
Umluft: 170 °C / 25 Minuten

Walnussboden
60 g Walnüsse/Baumnüsse
60 g Mehl
1 Msp gemahlener Zimt
50 g Semmelbrösel
60 g Butter
70 g Marzipanrohmasse
40 g Zucker
7 Eigelb
7 Eiweiß
100 g Zucker

Zum Tränken
20 ml Wasser
1 TL Zucker
40 ml Rum

Sahnefüllung
6 Blatt Gelatine
800 ml Sahne
50 g Zucker
70 ml Rum

Zum Einstreuen
60 g Walnüsse/Baumnüsse
250 g Sauerkirschen, entsteint

Zum Bedecken
250 g Marzipan
100 g Puderzucker

Für die Garnitur
Spritzschokolade
14 halbe Walnüsse/Baumnüsse

110 Festtagstorten

1 Die abgeriebenen Haselnüsse im karamellisierten Zucker kräftig durchrühren.

2 Mit einem Löffel je zur Hälfte das Pflaumenmus auf den mit Nougatsahne bestrichenen Böden verteilen.

3 Die karamellisierten Haselnüsse mit einem Wellholz (Kuchenrolle) grob zerstoßen und die Torte damit bestreuen.

Böhmische Nusstorte

Die Springform fetten und den Boden mit Backtrennpapier auslegen. Mehl, geriebene Haselnüsse, Zimt und Backpulver vermischen. Eier und Zucker zunächst mit dem Schneebesen im Wasserbad warm, dann mit dem elektrischen Handrührgerät kalt und locker aufschlagen. Die Mehlmischung unterheben, zum Schluss die flüssige warme Butter.
In die Form füllen und backen.
Die ganzen Haselnüsse für die Garnitur auf einem Blech rösten, bis sich die Schale löst, restliche Schale abreiben.
Zum Karamellisieren den Zucker in eine Pfanne geben und unter ständigem Rühren schmelzen. Wenn er goldgelb und geschmolzen ist, die Butter zugeben. Weiterrühren, bis beides glatt abgebunden ist. Die abgeriebenen Haselnüsse zugeben, mehrmals kräftig durchrühren. Auf ein Backblech geben, dünn auftragen und abkühlen lassen.
Wasser, Zucker und Rum für die Tränke anrühren. Blattgelatine im kalten Wasser einweichen. Den Haselnussboden dreimal waagerecht durchschneiden. Das Unterteil auf eine Platte legen und den gefetteten, mit Backpapier ausgelegten Springformring darum stellen.
Für die Füllung Sahne mit dem Zucker steifschlagen. Nougat in einen Kessel geben, im Wasserbad leicht anwärmen und glattrühren.
Die ausgedrückte Gelatine mit dem Rum in einer Kasserolle auflösen, mit etwas Sahne unter den Nougat rühren. Die restliche Sahne darunterheben. Mit einem Pinsel die Tränkflüssigkeit auf dem Boden auftragen und 1/4 der Sahne darauf verteilen. Mit einem Löffel 1/3 des Pflaumenmuses auf der Sahne verteilen. Dies wiederholen, bis die Torte zusammengesetzt ist.
Die Torte 4 Stunden kühl stellen.
Den Springformrand abnehmen. Die karamellisierten Nüsse mit dem Rollholz grob zerstoßen und die Torte damit bestreuen.

Haselnussboden
100 g Mehl
20 g Haselnüsse, gerieben
1 Msp gemahlener Zimt
1 Msp Backpulver
4 Eier
75 g Zucker
40 g Butter

Zum Karamellisieren
80 g Zucker
10 g Butter
150 g Haselnüsse

Zum Tränken
80 ml Wasser
1 TL Zucker
50 ml Rum

Sahnefüllung
4 Blatt Gelatine
750 ml Sahne
60 g Zucker
100 g Nougat
50 ml Rum

Zum Einstreichen
250 g Pflaumenmus

Form
Springform, Ø 28 cm
Backblech, 40 × 30 cm

Backzeit
Elektro: 180 °C / 20 Minuten
Gas: Stufe 2–3 / 20 Minuten
Umluft: 170 °C / 18 Minuten

Zubereitungszeit

Festtagstorten

1 Birnen auf dem Sacherboden verteilen.

2 Einen Teil Schokoladensahne auf den Birnen verteilen und den dünnen Deckel auflegen.

3 Die restliche Sahne daraufgeben, glattstreichen und kühlstellen.

Festtagstorten • *Sahnetorten*

Schokoladen-Sahnetorte *mit Birnen*

Kuvertüre fein schneiden und im Wasserbad auflösen. Butter, Zucker und Eigelb in der Küchenmaschine schaumig rühren. Mehl, Backpulver und gehobelte Mandeln vermischen. Eiweiß mit dem Zucker zu Schnee schlagen.

Die aufgelöste, sehr warme Kuvertüre mit dem Schneebesen in die schaumige Buttermasse rühren, anschließend den Eischnee und das Mehl unterheben. In die gebutterte und leicht bemehlte Form geben und glattstreichen. In den vorgeheizten Backofen schieben und backen.

Den ausgekühlten Sacherboden aus der Form nehmen und eine dünne Lage von oben quer abschneiden. Das Unterteil auf eine Platte legen, den Ring der Springform fetten, mit einem Streifen Trennpapier auslegen und darum stellen.

Die Birnen vierteln und auf dem Sacherboden verteilen. Kuvertüre im Wasserbad oder in der Mikrowelle auflösen – sie darf gut warm sein. Sahne steifschlagen. Die Kuvertüre mit etwas Sahne und dem Rum glattrühren und die restliche Sahne unterheben. Knapp ein Drittel der Schokoladensahne auf die Birnen streichen und den dünnen Boden auflegen. Diesen kräftig mit frischem Birnensaft oder dem Saft aus der Dose tränken. Die restliche Sahne darüber verteilen und glattstreichen. Dunkle Kuvertürespäne schaben und auflegen. Ca. 2 Stunden kühl stellen.

Sacherboden
60 g Zartbitter-Kuvertüre
60 g Butter
25 g Zucker
3 Eigelb
70 g Mehl
1 gestr. TL Backpulver
50 g gehobelte Mandeln
5 Eiweiß
40 g Zucker

Belag
3 aromatische, nicht zu reife Birnen, gedünstet (vgl. Rezept »Wiener Birnentorte«, Seite 149)
200 g Zartbitter-Kuvertüre
750 ml Sahne
100 ml Rum

Für die Garnitur
Zartbitter-Kuvertüre für die Späne

Form
Springform, Ø 28 cm

Zubereitungszeit

Backzeit
Elektro: 180 °C / 25 Minuten
Gas: Stufe 2–3 / 25 Minuten
Umluft: 170 °C / 22 Minuten

Tipp
Statt der frischen Birnen können auch abgetropfte Dosenbirnen verwendet werden (Dosengröße: 850 ml).

114 Festtagstorten

1 Sechs Nussbaiser-Böden aufstreichen und backen.

2 Die gebackenen Böden vorsichtig mit Kuvertüre bestreichen.

3 Die Torte zusammensetzen, die Böden leicht andrücken.

4 Garnieren.

Herbst-Blätter-Sahnetorte

Festtagstorten • Sahnetorten

Geriebene Haselnüsse, Semmelbrösel und Zimt vermischen. Butter in einer Kasserolle auf dem Herd verflüssigen. Eiweiß und Zucker zu einem cremigen Schnee schlagen. Die Haselnussmischung unter den Eischnee heben, zum Schluss die flüssige warme Butter unterarbeiten.
Die Nuss-Baisermasse gleichmäßig auf sechs Tortenböden verteilen und glattstreichen (Ø 28 cm, Backtrennpapier mit aufgezeichnetem Kreis ist im Fachhandel erhältlich). Im heißen Backofen zwei Böden übereinander backen. Auf dem letzten Blech ca. 14 Haselnüsse für die Garnitur mitrösten. Kuvertüre im Wasserbad oder in der Mikrowelle auflösen und die erkalteten Böden damit dünn und vorsichtig mit einem Pinsel bestreichen. Blattgelatine im kalten Wasser einweichen.
Sahne mit dem Zucker steif schlagen. Das Vanillemark zugeben. Die ausgedrückte Gelatine mit dem Rum in einer Kasserolle auflösen und unter die Sahne rühren. Etwas Sahne für die Garnitur in einen Spritzbeutel mit großer Sterntülle füllen. Einen Boden auf eine Servierplatte legen und die Torte mit der Sahne zusammensetzen, jeden Boden nach dem Auflegen leicht andrücken. Die Torte ganz mit Sahne einstreichen, mit dem Spritzbeutel garnieren und ca. 2 Stunden kühlstellen.
Zart mit Kakaopulver übersieben und die ganzen Haselnüsse auflegen.
Die Böden dieser Torte sind sehr dünn und etwas empfindlich. Der Genuss dieser zartblättrigen Torte wiegt das vorsichtige Arbeiten jedoch um ein Vielfaches auf.

Nussbaiser-Böden
150 g Haselnüsse, gerieben
100 g Semmelbrösel
2 Msp gemahlener Zimt
90 g Butter
8 Eiweiß
250 g Zucker

Zum Bestreichen
250 g Zartbitter-Kuvertüre

Füllung
3 Blatt Gelatine
1 l Sahne
100 g Zucker
Mark von 1 Vanillestange
30 ml Rum

Für die Garnitur
Kakaopulver
14 ganze Haselnüsse

Form
2 Backbleche, 40 × 30 cm
vorgezeichnetes Backpapier

Zubereitungszeit
☺ ☺ ☺

Backzeit
Elektro: 180 °C / 10 Minuten
Gas: Stufe 2–3 / 10 Minuten
Umluft: 170 °C / 8 Minuten

Tipp
Immer eine Prise Salz zu Anfang ins Eiweiß geben, dann wird der Eischnee schön steif und glatt. Eiweiß zunächst mit der halben Menge Zucker aufschlagen. Erst wenn der Eischnee steif wird, nach und nach den restlichen Zucker zugegeben. So entstehen beim Unterheben der anderen Zutaten keine »Eiweißnester«.

116 Festtagstorten

1 Schokoladen-Mousse anrühren.

2 Auf den Nussbaiser-Boden aufstreichen.

3 Erdbeeren auflegen.

4 An der fertig eingestrichenen Torte mit einem Backspatel Spitzen hochziehen.

Mousse-au-Chocolat-Torte
mit Erdbeeren

Geriebene Haselnüsse auf einem Blech im Backofen goldgelb rösten. Den Backofen auf 150 °C abkühlen lassen. Die Eiweiß und die Hälfte des Zuckers in der Küchenmaschine zu einem cremigen Schnee schlagen. Geriebene Nüsse, den restlichen Zucker und den Zimt mit einem Kochlöffel unterheben. Die Masse auf drei mit Backtrennpapier belegte Bleche verteilen und zu zwei runden Böden (je Ø 28 cm) und einen Boden, (Ø 24 cm) aufstreichen. Alle drei Bleche in den abgeschalteten 150 °C warmen Backofen schieben. Die Türe mit einem Kochlöffel etwas offen halten und die Böden über Nacht trocknen lassen.

Für die Schokoladen-Mousse die Zartbitter-Kuvertüre fein hacken und im Wasserbad auflösen.

Eier und Eigelb im Wasserbad mit dem Schneebesen warm, dann mit dem elektrischen Handrührgerät kalt und locker aufschlagen.

Die Sahne schlagen und unter die Eiermasse heben. Die Kuvertüre mit einem Teil dieser Masse anrühren. Beide Massen zusammengeben und mit dem Schneebesen glattrühren.

Die Erdbeeren waschen und auf einem Küchentuch abtrocknen lassen. Sehr große Früchte halbieren. Einen Baiserboden, Ø 28 cm, auf eine Platte legen. Ein Drittel der Schokoladen-Mousse aufstreichen. Die Hälfte der Erdbeeren in die Creme drücken. Den zweiten Boden, Ø 28 cm, auflegen, füllen, Erdbeeren auflegen und den Deckel (Ø 24 cm) darüber geben. Die Torte mit der restlichen Schokoladen-Mousse leicht konisch einstreichen, Spitzen hochziehen und ca. 3 Stunden kühl stellen. Die Torte kann auch mit drei gleichgroßen Baiserböden im Springformring aufgebaut werden. Die Erdbeeren für die Garnitur mit dem Stielansatz halbieren und aufsetzen. Vollmilchschokoladenspäne schaben und um den Fuß der Torte drücken.

Nussbaiser-Böden
150 g geriebene Haselnüsse
10 Eiweiß
300 g Zucker
3/4 TL gemahlener Zimt

Schokoladen-Mousse
450 g Zartbitter-Kuvertüre
2 Eier
2 Eigelb
600 ml Sahne

Zum Einlegen
500 g Erdbeeren

Für die Garnitur
6 oder 7 schöne große Erdbeeren, je nach Größe
Vollmilchschokoladenspäne

Tipp
für Baisermassen: Alle Geräte und Schüsseln müssen unbedingt fettfrei sein und sollten vor dem Benutzen kalt ausgespült werden.

Form
Backblech, 40 × 30 cm

Zubereitungszeit
+ über Nacht

Back- bzw. Trockenzeit
Elektro: 150 °C, dann abschalten / über Nacht
Gas: 2-3, dann abschalten / über Nacht
Umluft: zuerst 150 °C, dann abschalten / über Nacht

Festtagstorten

1 Kirschen auf dem untersten Boden verteilen.

2 Sahne aufstreichen und Kuvertüre aufstreuen.

3 Mit der restlichen Sahne kantig oder zur Kuppel streichen.

Schwarzwälder Kirschtorte

Mehl, Kakaopulver, gehobelte Mandeln und Backpulver vermischen. Die Butter in einer Kasserolle verflüssigen. Eier und Zucker mit dem Schneebesen im Wasserbad warm, dann mit dem elektrischen Handrührgerät kalt und locker aufschlagen. Mit dem Kochlöffel zuerst die Mehlmischung, dann die flüssige Butter unterarbeiten. Die Masse in eine gebutterte Springform geben und backen. Nach dem Auskühlen den Schokoladenboden einmal waagerecht durchschneiden. Den unteren Teil auf eine Platte setzen und den mit Papier umlegten Springformring darum stellen. Frische entsteinte Süß- oder Sauerkirschen oder auch Kompottkirschen darauf verteilen. Bei Kompottkirschen auch den Saft mitverwenden und im Messbecher abmessen. Je 100 ml Saft 10 Gramm Speisestärke zugeben und in einer Kasserolle unter ständigem Rühren aufkochen. Kirschen mit dem Kochlöffel darauf geben, kurz abkühlen lassen und anschließend die Kompottkirschen auf dem Boden verteilen.
Blattgelatine in kaltem Wasser einweichen. Sahne mit dem Zucker schlagen. In einer Kasserolle die Blattgelatine mit dem Kirschwasser auf der Kochplatte auflösen. Mit dem Schneebesen unter die Sahne rühren. Für die Garnitur zwei Teigschaber Sahne in einen Spritzbeutel mit Sterntülle Nr. 15 geben. Die Kuvertüre fein schaben.
Die Hälfte der Sahne auf den vorbereiteten Boden geben und verstreichen. Die geschabte Kuvertüre aufstreuen. Den zweiten Schokoladenboden auflegen, das Kirschwasser mit einem Pinsel darauf verteilen. Die restliche Sahne auftragen und glattstreichen. Mit dem Spritzbeutel Rosetten aufspritzen und je eine Kirsche auflegen. In die Mitte und um den Rand geschabte Kuvertüre verteilen und die Torte kühlstellen. Nach ca. 2 Stunden den Ring lösen und abnehmen.
Diese Torte kann auch konisch oder als Kuppeltorte aufgestrichen werden. In diesem Fall keinen Springformring darum stellen und den zweiten Schokoladenboden als Kuppel auflegen. Die Sahne mit der Palette in die gewünschte Form streichen.

Schokoladenboden
100 g Mehl
10 g Kakaopulver
1 gestr. TL Backpulver
40 g gehobelte Mandeln
40 g Butter
4 Eier
75 g Zucker

Sahnefüllung
ca. 500 g Kirschen
4 Blatt Gelatine
80 ml Kirschwasser
1 l Sahne
90 g Zucker

Zum Ein- bzw. Aufstreuen
70 g Zartbitter-Kuvertüre

Zum Tränken
80 ml Kirschwasser

Zum Belegen
16 frische oder Belegkirschen

Zum Dekorieren
Späne von Zartbitter-Kuvertüre

Form
Springform, Ø 28 cm

Backzeit
Elektro: 180 °C / 20 Minuten
Gas: Stufe 2–3 / 20 Minuten
Umluft: 170 °C / 18 Minuten

Zubereitungszeit

Festtagstorten

1 Brandmasse ca. 1 Minute auf der Feuerstelle abrösten.

2 Einzeln die Eier unter die abgekühlte Masse geben und unterrühren.

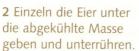

3 Mit einem Löffel die Teigmasse für die beiden Böden verteilen.

4 Mit der Gabel 3/4 der Heidelbeeren mit dem Zucker zerdrücken und den Boden aufstreichen.

Heidelbeertraum

Festtagstorten · *Sahnetorten*

Milch, Butter, Zucker und Salz zum Kochen bringen. Unter ständigem Rühren das Mehl zugeben und ca. 1 Minute abrösten. Die abgeröstete Masse in eine frische Schüssel geben und auskühlen lassen. Die Eier einzeln mit dem Kochlöffel unter die Masse rühren.

Die Masse auf zwei mit Trennpapier belegte Bleche verteilen und in der Größe eines Tortenringes mit dem Löffel verstreichen. Sie darf etwas ungleichmäßig aufgetragen sein, dadurch sieht die Oberfläche interessanter aus.

In den vorgeheizten Backofen schieben und goldgelb backen.

Heidelbeeren gibt es in unterschiedlicher Qualität: entweder mehlig oder sehr saftig. Um ein Durchweichen des Kuchens zu vermeiden, sollte man bei saftigen Früchten einen Mürbeteigboden darunter setzen. Dazu aus den angegebenen Zutaten einen Teig kneten, in der Größe des Brandteiges ausrollen und backen. Als Verbindung dünn Marmelade auf den Mürbeteigboden streichen und einen Brandteigboden auflegen. 500 g der Heidelbeeren mit dem Zucker vermischen, mit der Gabel etwas andrücken und auf dem Boden verteilen. Sahne und Eigelb aufschlagen, Zucker und Vanillemark zugeben. Die im kalten Wasser eingeweichte Gelatine gut ausdrücken und in einer kleinen Schüssel mit dem Rum erhitzen und auflösen. Mit dem Schneebesen die Gelatine unter die Sahne rühren und mit dem Spritzbeutel auf den Boden spritzen oder mit dem Messer aufstreichen. Die restlichen Heidelbeeren darüber verteilen, den Boden auflegen und den Kuchen 2–3 Stunden kühl stellen.

Variante: Den oberen Boden mit heißer Heidelbeermarmelade bestreichen und mit Zuckerglasur überglänzen. Dafür Puderzucker und Wasser anrühren und mit dem Pinsel auftragen.

Brandmasse
280 ml Milch
70 g Butter
1 Prise Zucker
1 Prise Salz
170 g Mehl
6 Eier

Füllung
500 g Heidelbeeren mit
150 g Zucker andrücken
100 g Heidelbeeren zum Verteilen über die Sahne

Sahnefüllung
650 ml Sahne
1 Eigelb
Mark von 1/2 Vanillestange
80 g Zucker
4 Blatt Gelatine
1 cl Rum

Mürbeteigboden
100 g Mehl
35 g Zucker
70 g Butter
Abrieb von 1/8 Zitrone
1 Eigelb

Zum Bestreichen
50 g Marmelade

5 Geschlagene Sahne aufspritzen und die restlichen Heidelbeeren darauf verteilen.

Form
Springform, Ø 28–30 cm

Zubereitungszeit

Backzeit Brandmasse
Elektro: 180 °C / 35 Minuten
Gas: Stufe 2–3 / 35 Minuten
Umluft: 170 °C / 30 Minuten

Backzeit Mürbeteig
Elektro: 180 °C / 7 Minuten
Gas: Stufe 2–3 / 7 Minuten
Umluft: 170 °C / 6 Minuten

Festtagstorten

1 Den untersten Boden mit Orangenkonfitüre bestreichen oder Ingwer aufstreuen.

2 Die Kuvertüre mit Rum und einem Teil Sahne anrühren. Die restliche Sahne und die Eiermasse unterheben.

3 Das Oberteil des Bodens in Stücke geschnitten in der Mitte auflegen.

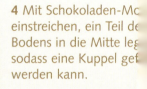

4 Mit Schokoladen-Mo[usse] einstreichen, ein Teil de[s] Bodens in die Mitte leg[en,] sodass eine Kuppel ge[formt] werden kann.

Festtagstorten • *Sahnetorten*

Pralinentorte

Die Springform fetten und den Boden mit Backtrennpapier auslegen. Mehl, Kakaopulver und Backpulver vermischen. Eier und Zucker zuerst mit dem Schneebesen im Wasserbad warm, dann mit dem elektrischen Handrührgerät kalt und locker aufschlagen. Die Mehlmischung unterheben, zum Schluss die flüssige warme Butter zugeben. In die Form füllen und im vorgeheizten Backofen backen.

Wasser, Zucker und Rum für die Tränke verrühren. Den ausgekühlten Schokoladenboden zweimal quer durchschneiden; das Unterteil auf eine Platte legen und mit der Tränke gut befeuchten. Mit Orangenkonfitüre bestreichen oder mit fein gehacktem Ingwer bestreuen.

Für die Schokoladen-Mousse die Kuvertüre im Wasserbad oder in der Mikrowelle auflösen.

Eier und Eigelb mit dem Schneebesen im Wasserbad warm, danach mit dem elektrischen Handrührgerät kaltschlagen. Die Sahne ohne Zucker steifschlagen. Den Rum in die Kuvertüre geben und mit etwas Sahne glattrühren, evtl. auf der Feuerstelle nachwärmen. Die Eiermasse und die Sahne darunterheben und glattrühren.

Etwas Schokoladen-Mousse auf den untersten Boden streichen. Das Oberteil des Bodens in vier Stücke teilen. Drei Teile kräftig getränkt nebeneinander auf die Torte legen und mit Schokoladen-Mousse bestreichen. Das vierte Teil in der Mitte auflegen. Den mittleren Boden daraufgeben und mit der restlichen Schokoladen-Mousse zu einer schönen Kuppel aufstreichen. Mit dem Messer Spitzen hochziehen. Ca. 3 Stunden kühlstellen und mit wenig Kakaopulver überstäuben.

Tortenboden
150 g Mehl
20 g Kakaopulver
1 geh. TL Backpulver
6 Eier
120 g Zucker
60 g Butter

Zum Tränken
150 ml Wasser
1 TL Zucker
60 ml Rum

Zum Bestreichen
250 g Orangenkonfitüre oder
200 g kandierter, gehackter Ingwer

Schokoladen-Mousse
400 g Zartbitter-Kuvertüre
2 Eier
2 Eigelb
400 ml Sahne
20 ml Rum

Zum Dekorieren
Kakaopulver

Form
Springform, Ø 28 cm

Zubereitungszeit

Backzeit
Elektro: 180 °C / 25 Minuten
Gas: Stufe 2–3 / 25 Minuten
Umluft: 170 °C / 23 Minuten

Festtagstorten

1 Aufgeschlagenes Eigelb und Eiweiß mit der Mehlmischung zusammenarbeiten.

2 Früchte auf dem Boden verteilen.

3 In Rum eingeweichte Sultaninen unter die Sahne heben.

4 Ein Drittel der Rumsa[hne] auf die Früchte streiche[n,] Boden auflegen und weiter zusammensetze[n.]

Wachauer Mohn-Sahnetorte

Festtagstorten • Sahnetorten

Die Sultaninen mit dem leicht erhitzten Rum übergießen, abdecken und über Nacht ziehen lassen.
Den gemahlenen Mohn mit dem Mehl und Salz vermischen. Eigelb und Zucker in der Küchenmaschine schaumig schlagen. Eiweiß und Zucker zu einem cremigen Schnee schlagen. Mit dem Kochlöffel beide Massen vermischen, zum Schluss die Mehlmischung zugeben.
In eine gebutterte Springform füllen, in den heißen Backofen schieben und backen.
Nach dem Auskühlen den Mohn-Sandboden dreimal quer durchschneiden. Das Unterteil auf eine Platte geben und mit den Aprikosen belegen.
Den gebutterten, mit Trennpapier ausgelegten Springformring darum stellen.
Die Blattgelatine in kaltem Wasser einweichen. Sahne schlagen, den Zucker mit dem Zimt vermischt zugeben. Die Gelatine auflösen und mit dem Schneebesen unter die Sahne rühren, zum Schluss die eingeweichten Sultaninen einarbeiten.
Ein Drittel der Rumsahne über den Früchten auf dem Tortenboden verteilen. Dann die Torte zusammensetzen – abwechselnd Sahne und Mohn-Sandboden. Ca. 3 Stunden kühlstellen, danach den Springformring abnehmen.
Sahne für die Garnitur schlagen und mit einem Spritzbeutel Rosetten aufspritzen. Mohn aufstreuen und Aprikosenspalten auflegen.

Rumsultaninen
50 g Sultaninen
100 ml Rum

Mohn-Sandboden
160 gemahlener Mohn
125 g Mehl
1 Prise Salz
5 Eigelb
80 g Zucker
5 Eiweiß
80 g Zucker

Belag
1 Dose Aprikosen (850 ml)
oder 500 g frische Früchte

Füllung
5 Blatt Gelatine
750 ml Sahne
50 g Zucker
2 Msp gemahlener Zimt

Für die Garnitur
200 ml Sahne
1 TL Zucker
10 g Mohn
Aprikosenspalten
zum Auflegen

Form
Springform, Ø 28 cm

Zubereitungszeit

Backzeit
Elektro: 180 °C / 35 Minuten
Gas: Stufe 2–3 / 35 Minuten
Umluft: 170 °C / 30 Minuten

Tipp
Die Sultaninen vorher heiß waschen, der Rum zieht dann leicht ein!

126 Festtagstorten

1 Die Schale der Orange dick abschälen und die Frucht in Scheiben oder Filets schneiden.

2 Früchte auf dem Boden verteilen und Schokoladensahne aufstreichen.

3 Auf dem getränkten Nussboden die Cointreausahne glattstreichen.

Festtagstorten • *Sahnetorten*

Orangentraum

Speisestärke, geriebene Haselnüsse, Zimt, Salz und das Vanillemark vermischen. Butter in einer Kasserolle auf dem Herd auflösen. Eiweiß und Zucker zu einem cremigen Schnee schlagen. Die Nussmischung mit dem Kochlöffel unterheben, zum Schluss die flüssige Butter untermischen. In eine am Boden mit Backtrennpapier ausgelegte Springform füllen und den Boden auf der untersten Schiene kräftig ausbacken.
Nach dem Auskühlen den Boden aus der Form nehmen und einmal quer durchschneiden. Das Unterteil auf eine Platte legen und den gefetteten und mit Papier ausgelegten Springformring darumstellen.
Die Orangen mit dem Messer dick abschälen, so, dass die weiße Haut völlig entfernt ist; die Früchte in Scheiben schneiden und auf dem Nussboden verteilen.
Für die Schokoladensahne die Kuvertüre im Wasserbad oder in der Mikrowelle auflösen. Die Sahne schlagen, etwas Schlagsahne in die Kuvertüre geben und glattrühren. Die restliche Sahne unterheben, auf den Früchten verteilen und glattstreichen. Den zweiten Teil des Bodens auflegen und mit Cointreau beträufeln.
Für die Orangensahne die Blattgelatine im kalten Wasser einweichen. Die Sahne schlagen, zum Schluss den Zucker beigeben. In einer Kasserolle die ausgedrückte Gelatine zusammen mit dem Cointreau auf der Feuerstelle auflösen. Mit dem Schneebesen unter die Sahne rühren. Auf dem zweiten Boden verteilen und glattstreichen.
Für die Garnitur die Orangen schälen, in Scheiben schneiden und als Kranz auflegen.
Ca. 3 Stunden kühlstellen. Die Orangenscheiben mit weißem, etwas abgekühlten Tortenguss (angerührt mit Zucker und Wasser nach Packungsangabe) glasieren. Vollmilch- oder Zartbitter-Kuvertürespäne in der Mitte der Torte auflegen.

Tipp
So bleibt der Eischnee schön steif und glatt: Beim Unterheben der anderen Zutaten entstehen keine »Eiweißnester«, wenn die Nuss- oder Buttermasse unter den Eischnee gehoben wird und nicht umgekehrt.

Nussboden
130 g Speisestärke
330 g geriebene Haselnüsse
1 Msp gemahlener Zimt
1 Prise Salz
Mark von 1/2 Vanillestange
110 g Butter
10 Eiweiß
350 g Zucker

Zum Einlegen
3 Orangen, kernlos

Schokoladen-Sahne
100 g Zartbitter-Kuvertüre
220 ml Sahne

Zum Tränken
60 ml Cointreau

Orangensahne
2 Blatt Gelatine
400 ml Sahne
30 g Zucker
50 ml Cointreau

Für die Garnitur
2 kleine Orangen
1 Pck weißer Tortenguss
2 gestr. EL Zucker
1/4 l Wasser
Späne von Vollmilch- oder Zartbitter-Kuvertüre

Form
Springform, Ø 28 cm
Backblech, 40 × 30 cm

Backzeit
Elektro: 170 °C / 50 Minuten, auf der untersten Schiene
Gas: Stufe 2 / 50 Minuten
Umluft: 160 °C / 45 Minuten

Zubereitungszeit

Festtagstorten

1 Die restliche Sahne unter die mit der Eiermasse und Whisky angerührte Kuvertüre heben.

2 Den getränkten Schokoladenboden mit Mousse bestreichen und gerösteten Mandelstifte aufstreuen.

3 Die Torte ganz mit Schokoladen-Mousse einstreichen.

Whiskytorte

Festtagstorten • *Sahnetorten*

Den Boden der gefetteten Springform mit Backtrennpapier auslegen. Eier und Zucker zunächst mit dem Schneebesen im Wasserbad warm, danach mit dem elektrischen Handrührgerät kalt und locker aufschlagen. Mit einem Kochlöffel das Mehl, Kakaopulver, die Mandelblättchen und das Backpulver unterheben. Zum Schluss die flüssige Butter dazugeben. In die Form füllen, glattstreichen und backen.

Die gestiftelten Mandeln auf ein Backblech geben und goldgelb rösten. Für die Tränke den Puderzucker im Wasser auflösen und den Whisky zugeben. Den Schokoladenboden aus der Form stürzen und das Papier abziehen. Zweimal quer durchschneiden und die unterste Lage auf eine Platte legen.

Für die Schokoladen-Mousse die weiße Kuvertüre in einem Kessel im Wasserbad auflösen. Sie muss gut warm sein: ca. 40 °C. Eier und Eigelb zuerst im Wasserbad warm und dann mit dem elektrischen Handrührgerät weiterschlagen, bis die Masse kalt ist. Die Sahne ohne Zucker schlagen. Einen Teil der Eiermasse, den Whisky und etwas geschlagene Sahne in die Kuvertüre geben und glattrühren. Die restliche Sahne und die Eiermasse unterheben.

Mit einem Pinsel den Schokoladenboden mit der Whiskytränke gut abtupfen und knapp 1/3 der Schokoladen-Mousse aufstreichen. Die gestiftelten Mandeln aufstreuen und den zweiten Boden auflegen. Kräftig tränken und knapp das zweite Drittel der Masse aufstreichen. Den dritten Boden auflegen, die restliche Tränke darauf verteilen und die Torte ganz mit Mousse einstreichen. Mit einer Palette Spitzen leicht hochziehen und Schokoladenspäne von Zartbitter-Kuvertüre auflegen. Die Torte mindestens drei Stunden kühlstellen. Besser ist es, wenn die Torte über Nacht im Kühlschrank durchziehen kann.

Tipp
Von der Tränkflüssigkeit generell immer so viel aufstreichen bis der Boden oder die Böden saftig damit getränkt sind.

Schokoladenboden
8 Eier
150 g Zucker
210 g Mehl
20 g Kakaopulver
20 g Mandelblättchen
1 geh. TL Backpulver
80 g Butter

Zum Aufstreuen
30 g gestiftelte Mandeln

Zum Tränken
100 ml Wasser
50 g Puderzucker
200–250 ml Whisky

Schokoladen-Mousse
500 g weiße Kuvertüre
2 Eier
3 Eigelb
600 ml Sahne
80 ml Whisky

Zum Dekorieren
Schokoladenspäne von Zartbitter-Kuvertüre

Form
Springform, Ø 28 cm
Backblech, 40 × 30 cm

Backzeit
Elektro: 180 °C / 35 Minuten
Gas: Stufe 2–3 / 35 Minuten
Umluft: 170 °C / 31 Minuten

Zubereitungszeit

Festtagstorten

1 Abgeröstete Florentinermasse in eine Springform oder Tortenring füllen und glattstreichen.

2 Alle Zutaten für die Fruchtfüllung in eine Schüssel geben und mit Rum übergießen.

3 Je 1/3 Fruchtfüllung auf die einzelnen Buttercreme-Schichten verteilen.

4 Den geschnittenen Florentinerboden fächerartig auflegen.

Festtagstorten • *Cremetorten*

Florentiner Torte

Florentinerboden zubereiten: Butter, Zucker, flüssige Sahne sowie Honig in eine kleine Kasserolle geben und aufkochen.
Die gestiftelten und gehobelten Mandeln mit dem gehackten Zitronat unterziehen, die klein geschnittenen Belegkirschen zugeben und kurz abrösten. Den Ring der Springform auf ein Blech mit Backtrennpapier legen und die Masse darin gleichmäßig verstreichen. Im heißen Backofen goldgelb backen. Herausnehmen, den Ring noch heiß abnehmen, den Florentinerboden in Stücke einteilen und diese durchschneiden.
Für den Biskuitboden die Springform fetten und den Boden mit Trennpapier auslegen. Eier und Zucker in einem Kessel im Wasserbad zunächst warm, dann mit dem elektrischen Handrührgerät kalt und locker aufschlagen. Das Mehl unterarbeiten, zum Schluss die flüssige warme Butter unterrühren. Die Masse in die Form füllen und backen.
Wasser, Zucker und Rum zum Tränken anrühren. Die Butter und das Fett für die Creme mit dem Puderzucker schaumig rühren. Nach und nach die Eier zugeben und das Mark der Vanilleschote.
Saverkirschen entsteinen oder Kompottkirschen abtropfen lassen, Ananas schälen und in kleine Stücke schneiden, Kuvertüre und Marzipan feinhacken und alles mit Aprikosenkonfitüre, gestiftelten Mandeln und Rum vermischen. Den Biskuitboden dreimal quer durchschneiden. Das Unterteil auf eine Platte legen, mit der Tränke leicht abtupfen, dünn Creme und 1/3 der Fruchtfüllung aufstreichen. Eine Lage Biskuit auflegen und tränken. Den Arbeitsgang wiederholen, bis die Torte zusammengesetzt ist.
Zum Schluss die Torte ganz mit Buttercreme bestreichen. Mit Hilfe eines Spritzbeutels mit Sterntülle von der restlichen Creme kleine Tupfen aufspritzen. Den geschnittenen Florentinerboden fächerartig auflegen.

Florentinerboden
50 g Butter
90 g Zucker
60 ml Sahne
40 g Honig
40 g gestiftelte Mandeln
90 g gehobelte Mandeln
30 g Zitronat
60 g rote Belegkirschen

Biskuitboden
6 Eier
120 g Zucker
180 g Mehl
60 g Butter

Zum Tränken
100 ml Wasser
2 TL Zucker
80 ml Rum

Buttercreme
350 g Butter
350 g Pflanzenfett
150 g Puderzucker
4 Eier
Mark von 1 Vanillestange

Fruchtfüllung
200 g Sauerkirschen (frisch oder eingemacht)
200 g Ananas
60 g Zartbitter-Kuvertüre
80 g Marzipan
100 g Aprikosenkonfitüre
60 g gestiftelte Mandeln
50 ml Rum

Form
Springform, Ø 28 cm

Zubereitungszeit

Backzeit Florentinerboden
Elektro: 180 °C / 30 Minuten
Gas: Stufe 2–3 / 30 Minuten
Umluft: 170 °C / 25 Minuten

Backzeit Biskuit
Elektro: 180 °C / 30 Minuten
Gas: Stufe 2–3 / 30 Minuten
Umluft: 170 °C / 25 Minuten

Festtagstorten

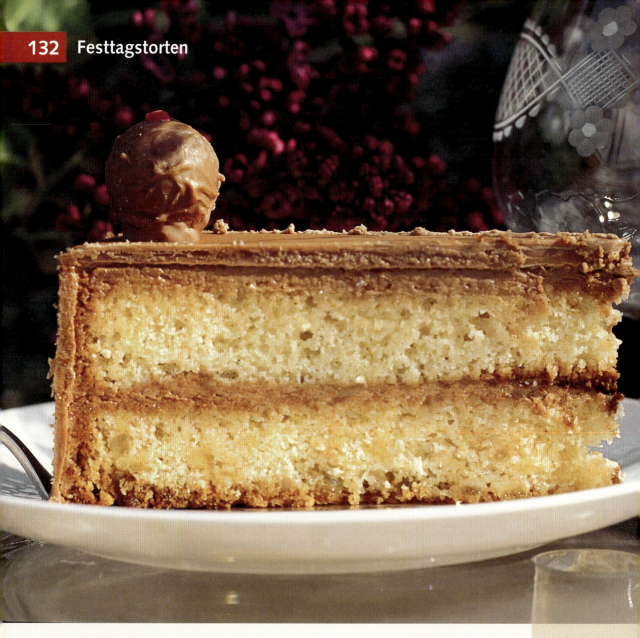

1 Mehlmischung unter die schaumige Buttermasse heben.

2 Den Sandboden tränken, mit der Pralinencreme füllen und zusammensetzen.

3 Auf einem Kuchengitter mit der Vollmilch-Kuvertüre überziehen.

Festtagstorten • *Cremetorten*

Cointreautorte

Am Vortag den Sandboden herstellen: Mehl, Speisestärke, Backpulver und das gewürfelte Orangeat vermischen. Zimmerwarme Butter und Zucker schaumig rühren. Eier nach und nach zugeben. Mit dem Kochlöffel die Mehlmischung unterheben. In die gefettete Springform füllen, glattstreichen und backen.

Vollmilch-Kuvertüre feinhacken. Die flüssige Sahne in einem Kessel zum Kochen bringen. Vom Herd nehmen, die Kuvertüre darin auflösen und abkühlen lassen. Für die Tränkflüssigkeit das Wasser und den Cointreau vermischen.

Die ausgekühlte Pralinencreme mit dem Pflanzenfett schaumig rühren. Den Sandboden einmal waagrecht durchschneiden und das Unterteil auf eine Platte legen. Knapp die Hälfte der Tränke mit dem Pinsel gleichmäßig darauf verteilen und mit Creme bestreichen. Das Oberteil auflegen, tränken und mit der Pralinencreme die Torte ganz einstreichen und kühl stellen.

Die Vollmilch-Kuvertüre fein schneiden und in der Mikrowelle oder im Wasserbad auflösen, nicht über Bluttemperatur (siehe Seite 15).

Die Torte auf ein Kuchengitter setzen, Trennpapier darunterlegen und mit der Kuvertüre überziehen. Auf eine Platte zurücksetzen.

Mit einem warmen Messer in Stücke teilen und einen Cointreautrüffel auf jedes Tortenstück auflegen.

Sandmasse
325 g Mehl
100 g Speisestärke
1 TL Backpulver
250 g gewürfeltes Orangeat
375 g Butter
375 g Zucker
8 Eier

Pralinencreme
300 g Vollmilch-Kuvertüre
150 ml Sahne
50 g Pflanzenfett

Zum Tränken
100 ml Wasser
150 ml Cointreau

Für den Überzug
300 g Vollmilch-Kuvertüre

Für die Garnitur
16 Cointreautrüffel

Form
Springform, Ø 28 cm

Zubereitungszeit
Sandboden am Vortag + 🕐 🕐

Backzeit
Elektro: 180 °C / 45 Minuten
Gas: Stufe 2–3 / 45 Minuten
Umluft: 170 °C / 40 Minuten

Festtagstorten

1 Auf den unteren Boden Creme aufstreichen.

2 Nougat schneiden und auflegen. Boden auflegen, tränken und nur mit Creme zusammensetzen.

Festtagstorten • *Cremetorten*

Nougattorte

Das Mehl, die gemahlenen Haselnüsse, die Semmelbrösel, das Kakaopulver und den Zimt vermischen. Zimmerwarme Butter mit Zucker, Marzipan, Eigelb und Vanillemark schaumig rühren.
Eiweiß mit dem Zucker zu einem cremigen Schnee schlagen.
Beide Massen zusammengeben und die Mehlmischung darunterheben.
In die gebutterte Springform füllen und backen.
Die gehobelten Haselnüsse oder Mandeln auf ein Backblech verteilen und goldgelb rösten.
Zartbitter-Kuvertüre feinhacken. Die flüssige Sahne in einem Kessel aufkochen, vom Herd nehmen und die Kuvertüre darin auflösen.
Zum Schluss den Nougat zugeben, glattrühren und abkühlen lassen.
Den Nussbiskuitboden zweimal waagrecht durchschneiden.
Die Creme mit der Butter vermischen und in der Küchenmaschine schaumig rühren.
Für die Tränke das Wasser, den Zucker und den Rum gut verrühren.
Den untersten Boden der Nougattorte auf eine Platte legen und mit der Tränkflüssigkeit einpinseln. Vom Nougatstück 16 Rauten oder Streifen für die Garnitur abschneiden. Den Boden mit Creme bestreichen, den restlichen geschnittenen Nougat auflegen und den zweiten Boden darübergeben. Diesen wieder tränken, Creme aufstreichen, den dritten Boden auflegen und die restliche Tränke darauf verteilen. Die Torte mit der Creme ganz einstreichen. Die restliche Creme in einen Spritzbeutel füllen und Rosetten aufspritzen. Die geschnittene Garnitur auflegen und mit den gerösteten und gehobelten Haselnüssen oder Mandeln bestreuen.

Nussboden
60 g Mehl
60 g gemahlene Haselnüsse
50 g Semmelbrösel
1 geh. TL Kakaopulver
1 Msp gemahlener Zimt
60 g Butter
40 g Zucker
70 g Marzipanrohmasse
7 Eigelb
Mark von 1 Vanillestange
7 Eiweiß
100 g Zucker

Zum Bestreuen
50 g gehobelte Haselnüsse oder Mandelblättchen

Nougatcreme
250 g Zartbitter-Kuvertüre
130 ml Sahne
250 g Nussnougat
200 g Butter

Zum Tränken
80 ml Wasser
1 TL Zucker
60 ml Rum

Für die Garnitur und als Einlage
300 g Nussnougat, dunkel

Form
Springform, Ø 28 cm
Backblech, 40 × 30 cm

Zubereitungszeit

Backzeit
Elektro: 180 °C / 35 Minuten
Gas: Stufe 2–3 / 35 Minuten
Umluft: 170 °C / 30 Minuten

Festtagstorten

1 Rosinen mit Rum übergießen, abdecken und über Nacht ziehen lassen.

2 Mit Schokoladencreme füllen und darauf die Rumrosinen verteilen.

3 Die gerösteten Mandelstifte mit Kuvertüre mischen und kaffeelöffelweise auf ein Backtrennpapier verteilen.

Rum-Schokoladentorte

Festtagstorten • *Cremetorten*

Am Vortag die Rosinen in eine Schüssel geben, mit Rum übergießen, abdecken und kühlstellen.
Mehl, Kakaopulver und Backpulver vermischen. Eier und Zucker zunächst mit dem Schneebesen im Wasserbad warm, danach mit dem elektrischen Handrührgerät kalt und locker aufschlagen. Mit dem Kochlöffel die Mehlmischung unterheben, zum Schluss die flüssige warme Butter zugeben. Die Masse in eine gebutterte, am Boden mit Backtrennpapier ausgelegte Springform geben und im vorgeheizten Backofen backen.
Die gestifteten Mandeln auf ein Backblech legen und goldgelb rösten.
Für die Creme die zimmerwarme Butter und das Pflanzenfett mit dem elektrischen Handrührgerät schaumig rühren. Eier und Zucker zuerst im Wasserbad warm, dann mit dem elektrischen Handrührgerät kalt schlagen. Den Zitronenschalenabrieb und Vanillemark zugeben. Beide Massen vermischen. Die Kuvertüre in der Mikrowelle oder im Wasserbad auflösen und unter die Buttercreme rühren. Für die Tränke den Puderzucker und das Wasser gut verrühren, den Rum zugeben. Den ausgekühlten Schokoladenboden dreimal waagerecht durchschneiden.
Die unterste Lage auf eine Platte legen, mit einem Pinsel leicht mit der Tränke abtupfen. Knapp 1/4 der Schokoladencreme aufstreichen, mit einem Löffel 1/3 der Rumrosinen über die Creme verteilen. Den zweiten Schokoladenboden auflegen. Die Arbeitsgänge wiederholen, bis die Torte zusammengesetzt ist. Mit der restlichen Creme die Torte ganz einstreichen und anschließend kühlstellen.
Die Kuvertüre für den Überzug kleinschneiden und vorsichtig im Wasserbad auflösen. Die Torte auf ein Kuchengitter setzen, unter dem eine Folie zum Auffangen der abgetropften Kuvertüre liegt. Die Kuvertüre auf die Torte gießen und mit einem breiten Messer glattstreichen. An der Seite gegebenenfalls etwas nachstreichen. Auf die Platte zurücksetzen. Die abgelaufene Kuvertüre nochmals auf Blutwärme (siehe Seite 15) erwärmen. Die gerösteten Mandelsplitter daruntergeben. Mit einem Teelöffel kleine Häufchen auf ein Trennpapier setzen und nach dem Erkalten die Torte damit verzieren.

Rumrosinen
200 g Rosinen
200 ml Rum

Schokoladenboden
210 g Mehl
20 g Kakaopulver
1 geh. TL Backpulver
8 Eier
150 g Zucker
80 g Butter

Schokoladencreme
250 g Butter
200 g Pflanzenfett
3 Eier
120 g Zucker
Abrieb von 1/2 Zitrone
Mark von 1/2 Vanillestange
150 g Zartbitter-Kuvertüre

Zum Tränken
50 g Puderzucker
250 ml Wasser
130 ml Rum

Für Überzug und Garnitur
300 g Zartbitter-Kuvertüre
100 g gestiftelte Mandeln

Form
Springform, Ø 28 cm
Backblech, 40 × 30 cm

Backzeit
Elektro: 180 °C / 35 Minuten
Gas: Stufe 2–3 / 35 Minuten
Umluft: 170 °C / 31 Minuten

Zubereitungszeit

Festtagstorten

1 Butter in die fast abgekühlte Creme geben und schaumig rühren.

2 Den getränkten Boden mit Creme bestreichen und Kuvertüre aufstreuen.

3 Die Torte am Rand mit Kuvertüre einstreichen, weiße Kuvertürespäne auftragen und je Tortenstück einen Champagnertrüffel auflegen.

Festtagstorten • *Cremetorten* — 139

Silvester-Torte

Mehl, geriebene Haselnüsse, Zimt und Kakaopulver vermischen. Eier und Zucker zuerst mit dem Schneebesen im Wasserbad warm und danach mit dem elektrischen Handrührgerät kalt schlagen.
Die Mehlmischung mit einem Kochlöffel unter die Eiermasse heben, zum Schluss flüssige Butter unterarbeiten. In eine gebutterte Springform füllen und backen.
Für die Füllung Milch, Zucker, Puddingpulver und Eigelb in einem Kessel unter ständigem Rühren aufkochen. Etwas abkühlen lassen und die lauwarme Creme mit dem elektrischen Handrührgerät glattrühren. Butter und Marc de Champagne zugeben und die Creme schaumig schlagen.
Für die Tränkflüssigkeit das Wasser mit dem Puderzucker und dem Marc de Champagne verrühren.
Den Biskuitboden dreimal waagerecht durchschneiden. Den untersten Boden auf eine Platte legen. Mit einem Pinsel die aromatisierte Tränke auftragen und dünn Creme aufstreichen. Die Zartbitter-Kuvertüre kleinschneiden und ca. 1/4 der Menge gleichmäßig darüberstreuen.
Den zweiten Biskuitboden auflegen. Den oben genannten Vorgang wiederholen, bis die Torte zusammengesetzt ist. Mit der restlichen Creme einstreichen und kalt stellen.
Die Zartbitter-Kuvertüre für den Rand im Wasserbad auflösen und mit Hilfe einer Palette die Torte damit mehrmals umstreichen. Weiße Kuvertüre schaben und in die Tortenmitte legen.
Auf jedes Tortenstückchen einen Champagnertrüffel setzen.

Tortenböden
230 g Mehl
30 g geriebene Haselnüsse
1/2 TL gemahlener Zimt
1/2 TL Kakaopulver
8 Eier
150 g Zucker
80 g Butter

Champagner-Creme
1 l Milch
100 g Zucker
85 g Puddingpulver
3 Eigelb, 500 g Butter
100 ml Marc de Champagne

Zum Tränken
150 ml Wasser
30 g Puderzucker
80 ml Marc de Champagne

Zum Einstreuen
60 g Zartbitter-Kuvertüre

Für den Rand
50 g Zartbitter-Kuvertüre

Für die Garnitur
weiße Kuvertüre-Späne
16 Champagnertrüffel

Form
Springform, Ø 28 cm

Zubereitungszeit

Backzeit
Elektro: 180 °C / 35 Minuten
Gas: Stufe 2–3 / 35 Minuten
Umluft: 170 °C / 32 Minuten

Festtagstorten

1 Drei Tortenböden herstellen: 28 cm Ø, ca. 18 cm Ø, ca. 10 cm Ø

2 Wird eine Torte mit einer anderen Geschmacksrichtung gewünscht, so auch diese mit weißer Creme einstreichen.

3 Auf jedem Boden Schokoladenspäne verteilen und dann übereinandersetzen oder die drei Torten übereinandersetzen und erst dann die Schokoladenspäne auflegen.

Hochzeitstorte

Für die dreistöckige Hochzeitstorte müssen die Teige für Biskuitböden in zwei Arbeitsgängen zubereitet werden, da die letzte Masse zusammenfallen würde, bis die erste gebacken ist. Mehl, geriebene Haselnüsse, Zimt und Kakaopulver vermischen. Eier und Zucker zunächst mit dem Schneebesen im Wasserbad warm, dann mit dem elektrischen Handrührgerät kalt und locker aufschlagen. Die Mehlmischung mit dem Kochlöffel unter die Eiermasse heben, zum Schluss die flüssige Butter unterarbeiten. In die gebutterte größere Springform füllen, in den heißen Backofen schieben und backen. Anschließend die zweite Biskuitmasse herstellen und auf die beiden kleineren Springformen verteilen (in der Größe unterschiedliche Tortenringe sind im Fachhandel erhältlich).

Für die Creme Butter und Pflanzenfett schaumig rühren. Eier und Zucker warm und kalt schlagen (siehe Seite 14). Vanillemark zugeben und beide Massen zusammenrühren.

Für die Tränke Wasser, Puderzucker und den Marc de Champagne verrühren. Alle Böden dreimal waagerecht durchschneiden. Die untersten (größten) Böden auf eine Platte legen und mit einem Pinsel mit der Tränke befeuchten. Dünn Creme aufstreichen und das zweite Biskuitteil auflegen. Diese Arbeitsfolge fortsetzen, bis die Torten zusammengesetzt sind. Alle drei Torten ganz mit Buttercreme einstreichen und kühl stellen.

Nach einer Kühlzeit von ca. 2 Stunden die drei Torten übereinander setzen und ganz mit weißen Schokoladenspänen bedecken. Mit fertig gekauften Marzipan- oder Zuckerblumen verzieren oder selbst Rosen und Blätter modellieren, wie auf Seite 16 beschrieben. Eine festliche Torte für den schönsten Tag! Auf dem einen Arbeitsfoto ist eine Schokoladentorte abgebildet. Statt der oben genannten Masse kann jederzeit eine andere Masse oder es können verschiedene Tortenmassen verwendet werden. Wichtig ist, dass alle drei vor dem Kühlstellen mit weißer Buttercreme eingestrichen werden.

Soll die Hochzeitstorte als Sahnetorte zubereitet werden, so ist dies nur zweistöckig möglich. Für die unterste Sahnetorte 1/3 mehr Gelatine verwenden. Für die obere Torte eine Springform mit 16–18 cm Ø verwenden, die oben angegebenen Zutatenmengen halbieren. Der weitere Arbeitsablauf ist wie bei der Cremetorte beschrieben. Wichtig: Sahnetorte bis vor dem Servieren gut kühlen!

Großer Boden (Ø 28 cm)
230 g Mehl
30 g geriebene Haselnüsse
1/2 TL gemahlener Zimt
1/2 TL Kakaopulver
8 Eier
150 g Zucker
80 g Butter

Für die beiden kleinen Böden (Ø 18 cm und Ø 10 cm)
170 g Mehl
20 g geriebene Nüsse
1 Msp gemahlenen Zimt
1 Msp Kakaopulver
6 Eier
120 g Zucker
60 g Butter

Buttercreme
600 g Butter
600 g Pflanzenfett
7 Eier
250 g Zucker
Mark von 1 Vanillestange

Zum Tränken
300 ml Wasser
50 g Puderzucker
150 ml Marc de Champagne

Für die Garnitur
weiße Schokolade
Marzipanblüten, z.B.
Rosen (Seite 16/17)
oder Zuckerblumen

Form
Springform, Ø 28 cm
Springform oder Tortenring, Ø 18 cm
Springform oder Tortenring, Ø 10 cm

Backzeit großer Boden
Elektro: 180 °C / 30 Minuten
Gas: Stufe 2–3 / 30 Minuten
Umluft: 170 °C / 27 Minuten

Backzeit kleine Böden
Elektro: 180 °C / 20–25 Minuten
Gas: Stufe 2–3 / 20–25 Minuten
Umluft: 170 °C / 20–22 Minuten

Zubereitungszeit

Festtagstorten

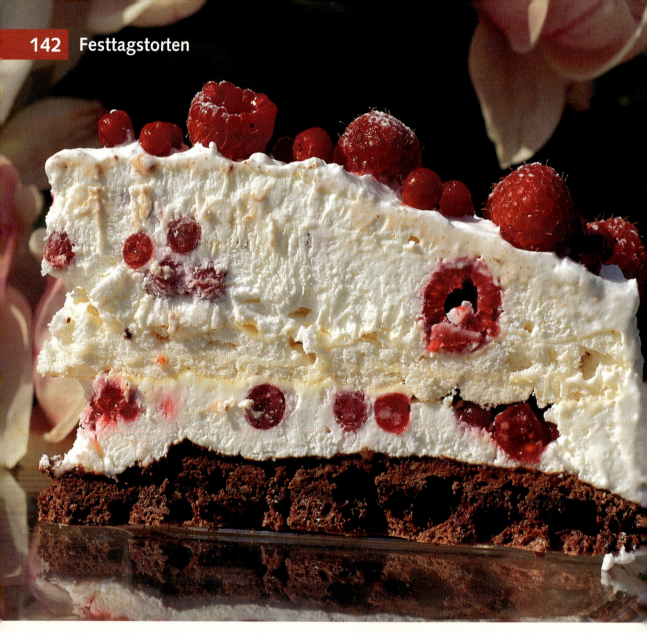

1 Baisermasse mit dem Spritzbeutel auf Backtrennpapier aufspritzen.

2 Schokoladenbaiser-Boden aufstreichen.

3 1/3 der Sahne auf den Schokoladenbaiser-Boden streichen und 1/3 der Früchte darauf verteilen.

4 Die restliche Sahne mit den Früchten vermischt aufstreichen.

Festtagstorten • *Obsttorten*

Sommerbeeren-Torte

Eiweiß und die Hälfte des Zuckers zu einem cremigen Schnee schlagen. Den restlichen Zucker mit dem Kochlöffel vorsichtig unterheben. Von der Hälfte der Baisermasse mit einem Spritzbeutel, Lochtülle Nr. 15, einen Boden spiralförmig (Ø 28 cm) auf ein mit Trennpapier belegtes Blech spritzen.
Unter die restliche Masse geriebene Nüsse und Kakaopulver heben und in der selben Größe auf Trennpapier aufstreichen.
Beide Bleche übereinander in den 150 °C warmen, abgeschalteten Backofen schieben. Türe mit Hilfe eines Holzlöffels einen Spalt offen lassen und die Böden über Nacht trocknen.
Frische Johannisbeeren abstielen und mit den Himbeeren waschen. Auf einem Küchentuch gut abtropfen lassen.
Die Blattgelatine im kalten Wasser einweichen.
Sahne mit dem Zucker und dem Vanillemark steif schlagen.
Die Gelatine in einer Kasserolle auflösen und unter die Sahne rühren.
Den Schokoladenbaiser-Boden auf eine Platte legen. 1/3 der Sahne darauf verstreichen und ca. 1/3 der Früchte darüberstreuen.
Den weißen Baiser-Boden auflegen und leicht andrücken.
Die restliche Sahne mit der Hälfte der verbliebenen Früchte zu einer Kuppel aufstreichen. Mit der Palette Spitzen hochziehen und die restlichen Früchte darüberstreuen. Ca. 2 Stunden kühlstellen.

Baisermasse
7 Eiweiß
400 g Zucker

Für den Schokoladenbaiser-Boden
60 g geriebene Haselnüsse
50 g Kakaopulver

Füllung
300 g Himbeeren
250 g Johannisbeeren
5 Blatt Gelatine
800 ml Sahne
80 g Zucker
Mark von 1 Vanillestange

Form
2 Backbleche, 40 × 30 cm

Zubereitungszeit
⏱ ⏱ + über Nacht

Back- bzw. Trockenzeit
Elektro: zuerst 150 °C, dann abschalten / über Nacht
Gas: Stufe 2–3, dann abschalten / über Nacht
Umluft: 150 °C, dann abschalten / über Nacht

Tipp
Baisermasse zieht aus der Luft Feuchtigkeit an. Bei feuchter Witterung die Böden evtl. am nächsten Tag einige Minuten bei 150 °C nachbacken.

Festtagstorten

1 Obstsalat auf den Sandboden auflegen.

2 Auf die mit Sahnesteif übersiebten Früchte die Sahne aufspritzen.

Tutti Frutti

Mehl, Speisestärke und Backpulver vermischen. Zimmerwarme Butter und Zucker in der Küchenmaschine schaumig rühren. Nach und nach die Eier, den Zitronenschalenabrieb und Vanillemark zugeben. Mit dem Kochlöffel die Mehlmischung unterarbeiten.
In die gebutterte Springform füllen und glattstreichen. Im heißen Backofen goldgelb backen.
Einen Obstsalat aus frischen Früchten zubereiten. Die Zusammenstellung der Früchte richtet sich nach der Saison und dem eigenen Geschmack. Den Sandkuchenboden aus der Form nehmen und auf eine Platte legen. Einmal waagrecht durchschneiden und mit Johannisbeerkonfitüre füllen. Auf den zweiten Boden dünn Johannisbeerkonfitüre streichen und Sahnesteif aufstreuen. Den Obstsalat ohne Saft mit dem Löffel locker darauf verteilen. Nochmals Sahnesteif darübersieben, damit die Sahne Halt bekommt. Blattgelatine im kalten Wasser einweichen. Die Sahne mit dem Zucker steifschlagen. Blattgelatine gut ausdrücken, mit dem Cointreau in einer Kasserolle auf der Feuerstelle auflösen. Mit dem Schneebesen unter die Sahne rühren. Mit einem Spritzbeutel mit großer Sterntülle Spitzen auf die Torte aufspritzen.
Verschiedene Früchte bunt durcheinander auflegen.

Sandmasse
125 g Mehl
30 g Speisestärke
1 Msp Backpulver
150 g Butter
150 g Zucker
3 Eier
Abrieb von 1 Zitrone
Mark von 1 Vanillestange

Zum Füllen und Bestreichen
ca. 1,5 kg Früchte für den Obstsalat
400 g Johannisbeerkonfitüre
2 Pck Sahnesteif
500 ml Sahne
40 g Zucker
3 Blatt Gelatine
20 ml Cointreau

Belag
frische Früchte zum Belegen, nach Geschmack und Jahreszeit

Form
Springform, Ø 28 cm

Zubereitungszeit

Backzeit
Elektro: 180 °C / 25 Minuten
Gas: Stufe 2–3 / 25 Minuten
Umluft: 170 °C / 23 Minuten

Festtagstorten

1 Mehl, Zimt, Nüsse und Kakaopulver unter die aufgeschlagene Eiermasse heben, zum Schluss die lauwarme Butter zugeben.

2 Gewaschene, abgezupfte Erdbeeren in eine tiefe Schüssel geben.

3 Warmes Weingelee darübergießen.

4 Vanillecreme darüber streichen.

Maibombe

Für den Biskuit die Eier, Eigelb und Zucker im Wasserbad mit dem Schneebesen warm schlagen, mit dem elektrischen Handrührgerät kalt und locker aufschlagen.

Mehl, Zimt, Kakaopulver und die geriebenen Nüsse vermengen und unter die Eiermasse heben. Zum Schluss die lauwarme Butter dazugeben. In die Kuchenform füllen und backen.

Für den Mürbeteig Zucker, Butter, Mehl, Eigelb und Salz auf der Tischplatte zu einem Teig verkneten, in der Größe des Biskuitbodens ausrollen und backen.

Erdbeeren waschen und abzupfen, eine Kuppelform mit kaltem Wasser ausspülen und die Erdbeeren in die Form schütten.

7 Päckchen Tortenguss mit Maiwein oder einem trockenen Weißwein, dem Zucker und dem Zitronensaft aufkochen. Der Inhalt eines Beutels Tortenguss ist normalerweise für 1/4 Liter Flüssigkeit ausreichend. Bei diesem Kuchen müssen jedoch für den Viertelliter 7 Päckchen genommen werden, damit die Erdbeeren einen guten Halt bekommen.

Das Gelee etwas abkühlen lassen und die Erdbeeren damit übergießen.

Milch, Zucker, Eigelb, Speisestärke und Vanillemark unter ständigem Rühren aufkochen und 3/4 der Menge über die Erdbeeren geben und glattstreichen. Nussbiskuitboden auflegen, die restliche Vanillecreme aufstreichen und den Mürbeteigboden darübergeben.

2 Stunden kühl stellen, dann auf einen Tortendeckel stürzen.

Sollte sich die Maibombe etwas schwierig aus der Form lösen, diese kurz in warmes Wasser halten.

Biskuit
2 Eier, 1 Eigelb
75 g Zucker, 80 g Mehl
1 Msp gemahlener Zimt
2 TL Kakaopulver
20 g geriebene Haselnüsse
20 g Butter

Mürbeteigboden
35 g Zucker, 70 g Butter
105 g Mehl, 1 Eigelb
1/2 Prise Salz

Belag
2 kg Erdbeeren
7 Pck Tortenguss
1 1/4 l Maiwein oder Weißwein
10 gestr. EL Zucker
Saft von 1 Zitrone

Vanillecreme
200 ml Milch
25 g Zucker, 2 Eigelb
20 g Speisestärke
Mark von 1/3 Vanillestange

Form
Kuchenform, Ø 25–30 cm
Kuppelform

Zubereitungszeit

Backzeit Biskuit
Elektro: 180 °C / 12 Minuten
Gas: Stufe 2–3 / 12 Minuten
Umluft: 170 °C / 10 Minuten

Backzeit Mürbeteigboden
Elektro: 180 °C / 10 Minuten
Gas: Stufe 2–3 / 10 Minuten
Umluft: 170 °C / 9 Minuten

5 Nussbiskuit- und Mürbeteigboden auflegen.

148 Festtagstorten

1 Kuvertüre fein schneiden und im Wasserbad auflösen.

2 Die aufgelöste, warme Kuvertüre in die schaumige Buttermasse rühren.

3 Mehlmischung und geschlagenes Eiweiß unter die mit Kuvertüre gerührte Buttermasse heben.

4 Birnen im kochenden Wasser 5–10 Minuten ziehen lassen, bis sie le von der Gabel rutscher

Wiener Birnentorte

Festtagstorten • *Obsttorten*

Kuvertüre feinschneiden und im Wasserbad auflösen. Butter, Zucker, Eigelb und Salz in der Küchenmaschine schaumig rühren. Mehl, Backpulver und gehobelte Mandeln vermischen. Eiweiß mit dem Zucker zu Schnee schlagen. Die aufgelöste, sehr warme Kuvertüre mit dem Schneebesen in die schaumige Butter rühren, anschließend das Eiweiß und die Mehlmischung unterheben.
In die gebutterte und leicht bemehlte Form geben und glattstreichen.
In den vorgeheizten Backofen schieben und backen.
Nach dem Auskühlen den Boden waagrecht halbieren und mit geschmeidig gerührter Preiselbeermarmelade füllen. Oberteil auflegen und nochmals dünn mit Marmelade bestreichen, mit geriebenen Löffelbiskuits bestreuen. Die Birnen auflegen. Mit weißem Geleeguss überziehen und den Rand mit gehobelten, gerösteten Mandeln bestreuen.
Frische Birnen geben dem Kuchen die besondere Geschmacksnote. Dazu die Birnen schälen, halbieren und vom Kernhaus befreien.
Wasser mit dem Saft einer halben Zitrone, Zucker und einer Zimtstange zum Kochen bringen, Zimtstange herausnehmen, die Birnen zugeben und auf kleiner Flamme ziehen lassen: 5–10 Minuten, je nach Größe und Sorte der Birnen. Um festzustellen ob sie gar sind, kann man sie mit einer Gabel oder mit einem Hölzchen anstechen. Rutschen sie leicht von der Gabel, sind sie fertig.
Aus dem Wasser nehmen, abkühlen lassen und den Kuchen damit belegen.

Tipp
Es können auch eingekochte oder gut abgetropfte Dosenbirnen verwendet werden.

Sacherboden
80 g Kuvertüre (Zartbitter)
80 g Butter
30 g Zucker
4 Eigelb
1 Prise Salz
90 g Mehl
1 geh. TL Backpulver
60 g gehobelte Mandeln
7 Eiweiß
50 g Zucker

Zum Bestreichen
250 g Preiselbeermarmelade

Zum Bestreuen
30 g Löffelbiskuits

Belag
9–10 Birnen
1 Pck Tortenguss
2 gestr. EL Zucker
1/4 l Weißwein
100 g gehobelte, geröstete Mandeln

Zum Blanchieren der Früchte
1 l Wasser
Saft von 1/2 Zitrone
80 g Zucker
1 Zimtstange

5 Sacherboden waagrecht durchschneiden und mit Preiselbeermarmelade bestreichen.

Form
Springform oder Tortenring, Ø 28cm

Zubereitungszeit

Backzeit
Elektro: 180 °C / 30 Minuten
Gas: Stufe 2–3 / 30 Minuten
Umluft: 170 °C / 27 Minuten

150 Festtagstorten

1 Mangospalten als Blüte auf den Boden der Schüssel legen.

2 Die eingefüllte Käse-Sahnemasse mit den restlichen Mangospalten belegen und den Biskuitboden auflegen.

Mango-Käse-Sahnetorte

Festtagstorten • *Obsttorten*

Den Boden einer Springform fetten und mit Backtrennpapier auslegen. Eier und Zucker von Hand mit dem Schneebesen im Wasserbad warm, dann mit dem elektrischen Handrührgerät kalt und locker aufschlagen. Das Mehl unterheben; zum Schluss die flüssige warme Butter zugeben. In die Springform einfüllen und backen.
In eine Schüssel die Eier, Milch, Zucker, den Quark, das Vanillemark und den Zitronenschalenabrieb geben und mit dem Schneebesen glattrühren. Die Blattgelatine in kaltem Wasser einweichen.
Die Mangofrucht schälen, entkernen und in Spalten schneiden.
Eine Schüssel (Größe ca. 3 Liter) mit kaltem Wasser ausspülen. Auf den Schüsselboden mit den Mangosegmenten eine Blüte legen.
Die Sahne mit dem Zucker steifschlagen. Die Blattgelatine in einer Kasserolle mit dem Rum gut warm auflösen und unter die Quarkmasse rühren; die Sahne darunterheben. Die Käse-Sahnemasse vorsichtig in die Schüssel einfüllen, damit die Blume nicht verschoben wird.
Die restliche Frucht gleichmäßig verteilen, etwas in die Quarkmasse drücken und den Biskuitboden auflegen. Über Nacht durchkühlen lassen.
Am nächsten Tag die Schüssel kurz in heißes Wasser stellen und die Torte auf eine Platte stürzen. Mit weißem Tortenguss abglänzen.

Tipp
Die Sahne wird besonders locker, wenn der Zucker erst kurz vor dem Festwerden zugegeben wird.

Biskuitboden
3 Eier
60 g Zucker
90 g Mehl
30 g Butter

Käsesahne
2 Eier
100 ml Milch
160 g Zucker
400 g Speisequark
Mark von 1 Vanillestange
Abrieb von 1 Zitrone
500 ml Sahne
50 g Zucker
8 Blatt Gelatine
50 ml Rum

Als Einlage und zur Dekoration
1 große reife Mangofrucht

Zum Überziehen
1 Pck weißer Tortenguss
2 gestr. EL Zucker
1/4 l Wasser

Form
Springform, Ø 28 cm
Schüssel für ca. 3 l Inhalt

Zubereitungszeit

Backzeit
Elektro: 180 °C / 30 Minuten
Gas: Stufe 2–3 / 30 Minuten
Umluft: 170 °C / 26 Minuten

Festtagstorten

1 Die blanchierten Äpfel auf dem Biskuit verteilen und Zimt darüberstreuen.

2 Die Rumsahne darüber verteilen und dünn Nüsse aufstreuen.

Apfel-Rum-Sahnetorte

Festtagstorten • Obsttorten

Eier und Zucker zunächst mit dem Schneebesen im Wasserbad warm, dann mit dem elektrischen Handrührgerät kalt und locker aufschlagen. Das Mehl unterheben, zum Schluss die flüssige warme Butter unterrühren. In die gebutterte Springform füllen und im vorgeheizten Backofen backen.
Äpfel schälen und in Spalten schneiden. Wasser mit Zucker und Zitronensaft aufkochen. Die Apfelstücke darin blanchieren; auf ein Gitter geben, abtropfen und auskühlen lassen.
Milch, Eier und Zucker im Wasserbad mit dem Handschneebesen cremig schlagen. In eine Schüssel geben und abkühlen lassen.
Den Biskuitboden aus der Form nehmen und auf eine Platte legen. Den mit Trennpapier ausgelegten Springformring darum stellen. Die blanchierten Apfel auflegen und mit Zimt bestreuen.
Blattgelatine im kalten Wasser einweichen; Sahne steifschlagen. Die Blattgelatine in einer Kasserolle mit dem Rum auflösen, unter die Creme rühren und die Sahne darunterheben. Diese auf die Früchte geben, glattstreichen und dünn Nüsse aufstreuen. Ca. 3 Stunden kühlen.
Einen Apfel mit Schale in Spalten schneiden, diese sofort mit weißem Tortenguss abglänzen und auflegen.
Den Springformring und das Papier entfernen. Die Torte seitlich und oben leicht mit Zimt oder – je nach Geschmack – mit Zimtzucker bestäuben.

Biskuitboden
3 Eier
60 g Zucker
90 g Mehl
30 g Butter

Füllung
1 kg Äpfel
300 ml Wasser
100 g Zucker
Saft von 1 Zitrone
1–2 TL gemahlener Zimt

Sahnecreme
200 ml Milch
3 Eier
120 g Zucker
6 Blatt Gelatine
50 ml Rum
500 ml Sahne

Als Garnitur
1 Apfel
1 Pck weißer Tortenguss
2 gestr. EL Zucker
1/4 l Wasser
30 g geriebene Nüsse
gemahlener Zimt oder
Zimtzucker zum Bestäuben

Form
Springform, Ø 28 cm

Zubereitungszeit

Backzeit
Elektro: 180 °C / 18 Minuten
Gas: Stufe 2–3 / 18 Minuten
Umluft: 170 °C / 16 Minuten

154 Festtagstorten

1 Himbeeren, Zucker und Zitrone vermischen.

2 Steifgeschlagene Sahne und Joghurt unter die Himbeeren heben.

3 Die gekühlte Torte mit Sahnesteif bestäuben, um den Früchten einen Halt zugeben.

Himbeer-Joghurt-Sahnetorte

Den Boden der Springform fetten und mit Backtrennpapier auslegen. Die Eier mit dem Zucker im Wasserbad mit dem Schneebesen zunächst warm, dann mit dem Handrührgerät kalt und locker aufschlagen. Das Mehl unterheben und die verflüssigte Butter zugeben.
Die Masse in die Springform einfüllen und backen.
Die Blattgelatine im kalten Wasser einweichen. Die Himbeeren vorsichtig mit kaltem Wasser abbrausen und gut abtropfen lassen. Den ausgekühlten Boden aus der Springform nehmen und das Backtrennpapier abziehen. Den Boden auf eine Platte legen und den Tortenring darum stellen. Einen Streifen Backtrennpapier in den leicht gefetteten Rand der Form legen. Die Sahne ohne Zucker steifschlagen. Die Himbeeren für die Sahnemischung in einer Schüssel mit dem Zucker, dem Abrieb und dem Saft einer Zitrone vermischen. Die Blattgelatine mit einigen Tropfen Wasser in einem Topf heiß auflösen und unter die Himbeeren rühren. Den Joghurt dazugeben und die geschlagene Sahne darunterheben. Die Masse einfüllen und ca. 3 Stunden kühlstellen.
Sahnesteif auf die Oberfläche streuen. Dadurch bekommen die Himbeeren für den Belag einen Halt und rutschen beim Anschneiden nicht vom Tortenstück. Schöne reife Himbeeren dicht auflegen; mit rotem Tortenguss abglänzen und den Springformring abnehmen.

Biskuitboden
3 Eier
60 g Zucker
90 g Mehl
30 g Butter

Joghurt-Sahne
10 Blatt Gelatine
500 g Himbeeren
400 ml Sahne
200 g Zucker
Abrieb von 1 Zitrone
Saft von 1 Zitrone
500 g Joghurt, natur

Belag
1 Pck Sahnesteif
Himbeeren zum Auflegen, je nach Größe ca. 750 g
1 Pck roter Tortenguss
2 gestr. EL Zucker
1/4 l Wasser

Form
Springform, Ø 28 cm

Zubereitungszeit

Backzeit
Elektro: 180 °C / 18 Minuten
Gas: Stufe 2–3 / 18 Minuten
Umluft: 170 °C / 16 Minuten

Tipp
Statt frischer Himbeeren können auch Tiefkühlhimbeeren verwendet werden. Diese immer gefroren verarbeiten, sonst wird die Füllung zu flüssig.

Festtagstorten

1 Den fertigen Mürbeteig als Boden ausrollen, ausstechen (am besten mit der Springform) und einen Rand darumlegen.

2 Eiweiß mit einem Teil des Zuckers zu Schnee schlagen, dann mit einem Kochlöffel den restlichen Zucker und die Beeren darunterheben.

3 Kuppelförmig mit Hilfe einer Palette aufstreichen.

Johannisbeer-Schaumtorte

Festtagstorten • *Obsttorten*

Zuerst den Nuss-Schokoladen-Mürbeteig herstellen (vgl. Grundrezept, Seite 10). Dazu aus dem Mehl, der fein geriebenen Bitterschokolade, den grob geriebenen Nüssen und dem Zimt auf dem Backbrett einen Kranz formen. Mit der Butter, dem Zucker und den Eigelben einen Teig kneten und 1 Stunde kühlstellen.

Frische Johannisbeeren, rot, schwarz oder gemischt abzupfen, rasch waschen und gut abtropfen lassen.

Mürbeteigboden ausrollen, mit einem kleinen Rand in die Form legen und backen. Auf einem Backblech die gehobelten Mandeln kurz anbräunen. Eiweiß zu steifem Schnee schlagen; die Hälfte des Zuckers nach und nach zugeben. Ist das Eiweiß steif, den restlichen Zucker und die Früchte mit einem Kochlöffel unterziehen.

Als Kuppel auf den Mürbeteigboden aufstreichen und unregelmäßige Spitzen abziehen. Gehobelte Mandeln aufstreuen, mit Puderzucker besieben und im Backofen bei Oberhitze abflämmen.

Nuss-Schokoladen-Mürbeteig
250 g Mehl
50 g geriebene Bitterschokolade
50 g grob geriebene Nüsse
1 Msp gemahlener Zimt
200 g Butter
100 g Zucker
2 Eigelb

Fruchtschaummasse
750 g Johannisbeeren
8 Eiweiß
500 g Zucker

Zum Bestreuen
20 g gehobelte, geröstete Mandeln

Zum Übersieben
Puderzucker

Form
Springform, Ø 30 cm
Backblech, 40 × 30 cm

Zubereitungszeit

Backzeit Mürbeteig
Elektro: 180 °C / 12 Minuten
Gas: Stufe 2–3 / 12 Minuten
Umluft: 170 °C / 10 Minuten

Backzeit Baisermasse
kurz unter dem Grill abflämmen
(= hellbraun werden lassen)

Festtagstorten

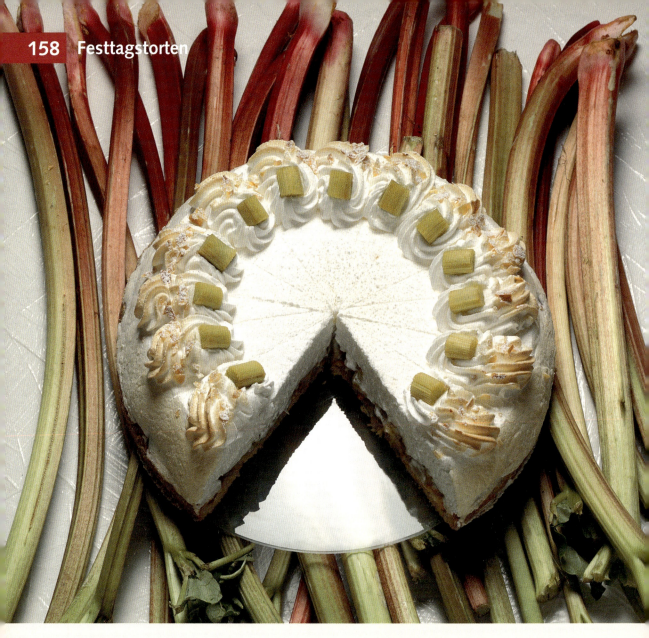

1 Alle Zutaten zu einem Mürbeteig verarbeiten und kühlstellen.

2 Geschälten Rhabarber in Stücke schneiden und blanchieren.

3 Auf den gebackenen Mürbeteig Erdbeermarmelade streichen und Löffelbiskuits auflegen.

4 Rhabarber darüber verteilen.

Rhabarber-Baisertorte

Für den Mürbeteig das Mehl abwiegen und davon einen Kranz bilden. In die Mitte Zucker, Butter, Salz, Zitronenschalenabrieb und das Eigelb geben. Alle Zutaten zusammen vermengen und zu einem Teig kneten. Eine Stunde kühlstellen (vgl. Grundrezept, Seite 10).
Rhabarber schälen und in kleine Stücke schneiden. Wasser ohne weitere Zutaten zum Kochen bringen und den Rhabarber in das sprudelnd kochende Wasser geben. Nur solange kochen lassen (blanchieren), dass er noch ein wenig Biss hat.
3/4 des Mürbeteiges rund ausrollen und auf ein mit Trennpapier belegtes Blech legen. Tortenring darum stellen, den restlichen Teig zu einem Strang formen, als Rand an den Tortenring drücken und backen.
Nach dem Auskühlen dünn Erdbeermarmelade aufstreichen und mit Löffelbiskuits belegen. Den ausgekühlten Rhabarber über die Löffelbiskuits geben.
Das Eiweiß mit den Schneebesen der Küchenmaschine aufschlagen; die Hälfte des Zuckers nach und nach zugeben. Den restlichen Zucker zum Schluss mit dem Kochlöffel unterheben.
Ca. 1/4 der Eischneemenge in einen Spritzbeutel mit großer Sterntülle füllen. Die restliche Masse als Kuppel auf den Kuchen streichen. Rundum Sterne aufspritzen.
Nach Belieben garnieren und mit Puderzucker übersieben.
Im heißen Backofen bei Oberhitze auf der oberen Schiene kurz abflämmen.

Mürbeteig
300 g Mehl
100 g Zucker
200 g Butter
1 Prise Salz
Abrieb von 1/4 Zitrone
1 Eigelb

Belag
1,5 kg Rhabarber

Zum Bestreichen
200 g Erdbeermarmelade

Zum Belegen
150 g ganze Löffelbiskuits

Baisermasse
7 Eiweiß
400 g Zucker

Zum Bestäuben
Puderzucker

Form
Tortenring oder Springform,
Ø 28–30 cm
Backtrennpapier

Zubereitungszeit

Backzeit Mürbeteig
Elektro: 180 °C / 8 Minuten
Gas: Stufe 2–3 / 8 Minuten
Umluft: 170 °C / 7 Minuten

Backzeit Baisermasse
kurz unter dem Grill abflämmen

5 Das geschlagene Eiweiß kuppelförmig aufstreichen und ausgarnieren.

Festtagstorten

1 Pfirsich-Segmente auf dem Biskuit verteilen.

2 Sahne unter die Creme heben.

3 Einen Teil Cognacsahne auf den Pfirsichen verteilen, Boden auflegen, mit der restlichen Creme glattstreichen.

… Festtagstorten • Obsttorten

Pfirsich-Cognac-Sahnetorte

Eier und Zucker im Wasserbad mit dem Schneebesen warm, danach mit dem elektrischen Handrührer kalt und schaumig schlagen. Das Mehl mit dem Kochlöffel unterheben, zum Schluss die flüssige Butter zugeben. Die Masse in eine gebutterte, am Boden mit Trennpapier ausgelegte Springform füllen und backen.
Blattgelatine in kaltem Wasser einweichen.
Für die Creme Milch, Zucker, Eigelb und Vanillepuddingpulver in eine Kasserolle geben und unter ständigem Rühren aufkochen. Die ausgedrückte Gelatine darunterrühren und abkühlen lassen.
Den Biskuitboden aus der Form nehmen und das Trennpapier abziehen. Eine dünne Lage des Bodens von oben abschneiden. Das Unterteil auf eine Platte legen und den Ring der Springform darum stellen. Den Ring leicht fetten und mit einem Streifen Trennpapier umlegen.
Pfirsich-Segmente auf den Biskuitboden legen.
Die Creme glattrühren und den Cognac dazugeben. Die Sahne steifschlagen und vorsichtig unter die Creme heben.
Etwas Sahnecreme in den Springformring füllen, den dünnen Boden auflegen und die restliche Sahne darübergeben. Ca. 4 Stunden kühlstellen.
Die Pfirsich-Stücke für die Garnitur auf einem Küchentuch gut abtropfen lassen, auf die Torte legen und mit dem etwas abgekühlten weißen Tortenguss abglänzen. In der Sommerzeit frische Pfirsiche zu Segmenten schneiden, auflegen und mit Tortenguss abglänzen.
Mit einem Messer den Springformrand lösen und abheben.
Vollmilch-Kuvertüre schaben und Späne in die Mitte der Torte legen.

Biskuitboden
3 Eier
60 g Zucker
90 g Mehl
30 g Butter

Creme
4 Blatt Gelatine
250 ml Milch
40 g Zucker
1 Eigelb
25 g Vanillepuddingpulver
4 cl Cognac
350 ml Sahne

Für die Füllung
1 Dose Pfirsich-Segmente (850 ml)

Für die Garnitur
3–4 frische Pfirsiche
(im Winter: 1 Dose, 850 ml)
1 Pck weißer Tortenguss
2 gestr. EL Zucker
1/4 l Wasser
Vollmilch-Kuvertüre für Späne

Form
Springform, Ø 28 cm

Zubereitungszeit

Backzeit
Elektro: 180 °C / 18 Minuten
Gas: Stufe 2–3 / 18 Minuten
Umluft: 170 °C / 16 Minuten

Festtagstorten

1 Alle Zutaten für den Teig abwiegen und zusammenkneten.

2 Dreiviertel des Teiges als Boden ausrollen und mit Himbeermarmelade bestreichen.

3 Den restlichen Teig ausrollen, in Streifen schneiden und als Gitter auflegen.

Festtagstorten • *Sonstige Torten*

Linzer Torte

Aus Butter, Zucker, Eigelb, Haselnüssen, Zimt, Kakao, dem Abrieb einer halben Zitrone und Mehl einen Buttermürbeteig (vgl. Seite 10) zubereiten. Diesen Teig ca. 1 Stunde kühl stellen.
3/4 des Teiges rund ausrollen und den Boden einer gebutterten flachen Form damit auslegen. Ebenso gut eignet sich ein Tortenring, der auf ein Backblech gestellt wird.
Himbeermarmelade auf den Boden streichen, dabei außen herum einen ca. 1 cm breiten Rand frei lassen. Den restlichen Teig ausrollen und in Streifen schneiden. Diese als Gitter über den Kuchen legen.
Ein wenig Teig wird dabei übrig bleiben; einen Strang davon formen und um den Rand legen. Das Gitter mit einem verquirlten Ei bestreichen.
In den vorgeheizten Backofen schieben und backen.

Linzerteig
400 g Butter
200 g Zucker
2 Eigelb
400 g geriebene Haselnüsse
1 TL gemahlener Zimt
1 TL Kakao
Abrieb von 1/2 Zitrone
400 g Mehl

Für die Füllung
650 g Himbeermarmelade

Zum Bestreichen
1 verquirltes Ei

Form
flache Kuchenform mit Rand,
Ø ca. 30 cm

Zubereitungszeit

Backzeit
Elektro: 180 °C / 35 Minuten
Gas: Stufe 2–3 / 35 Minuten
Umluft: 170 °C / 30 Minuten

164 Festtagstorten

1 Den ausgekühlten Sacherboden mit Himbeerkonfitüre bestreichen.

2 Die zusammengesetzte Torte mit Pralinencreme einstreichen.

3 Mit Kuvertüre übergießen und glatt streichen.

Sachertorte

Kuvertüre fein schneiden und im Wasserbad auflösen. Butter, Zucker, Eigelb und Salz in der Küchenmaschine schaumig rühren. Mehl, Backpulver und gehobelte Mandeln vermischen. Eiweiß mit dem Zucker zu Schnee schlagen. Die aufgelöste, sehr warme Kuvertüre mit dem Schneebesen in die schaumige Butter rühren, anschließend das Eiweiß und das Mehl unterheben. In die leicht gefettete Springform geben, glattstreichen und im vorgeheizten Backofen backen.

Die Kuvertüre für die Creme feinschneiden. Sahne in eine Kasserolle geben und aufkochen. Von der Feuerstelle nehmen, die Kuvertüre zugeben und glattrühren.

Den ausgekühlten Boden einmal waagerecht durchschneiden und das Unterteil auf eine Platte legen.

Für die Tränke das Wasser, den Puderzucker und Rum gut verrühren und mit einem Pinsel knapp die Hälfte auf das Unterteil des Bodens auftragen. Himbeerkonfitüre aufstreichen und das Oberteil auflegen.

Den Rest der Tränke darüber verteilen.

Die ausgekühlte Pralinencreme mit dem Schneebesen kurz durchrühren. Die Torte ganz damit einstreichen und eine halbe Stunde kühlstellen. Die Kuvertüre für die Glasur auflösen. Die Torte auf ein Kuchengitter setzen. Die Kuvertüre darübergießen, glattstreichen und auf eine Platte zurücksetzen.

Mit einem warmen Messer Stücke einteilen.

Besonders köstlich schmeckt die Sachertorte, wenn sie wie in Österreich mit Schlagobers – einem Schlag Sahne – serviert wird.

Sacherboden
160 g Zartbitter-Kuvertüre
160 g Butter
60 g Zucker
8 Eigelb
1 Prise Salz
180 g Mehl
2 geh. TL Backpulver
120 g gehobelte Mandeln
14 Eiweiß
100 g Zucker

Pralinencreme
250 g Sahne
400 g Zartbitter-Kuvertüre

Zum Tränken
250 ml Wasser
50 g Puderzucker
130 ml Rum

Füllung
250 g Himbeerkonfitüre

Zum Überziehen
300 g Zartbitter-Kuvertüre

Form
Springform, Ø 28 cm

Zubereitungszeit

Backzeit
Elektro: 180 °C / 45 Minuten
Gas: Stufe 2–3 / 45 Minuten
Umluft: 170 °C / 40 Minuten

Festtagstorten

1 Mürbeteigboden in der Größe der Springform ausrollen und backen.

2 Als Mittelfüllung angemachte Marzipanmasse aufstreichen.

3 Die Torte ganz mit Aprikosenkonfitüre einstreichen.

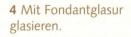

4 Mit Fondantglasur glasieren.

Punschtorte

Für den Mürbeteig aus dem Mehl einen Kranz bilden. In die Mitte Zucker, Butter, Salz, Zitronenschalenabrieb und Eigelb geben. Alle Zutaten vermengen und zu einem Teig kneten, kurze Zeit kühlstellen. Einen Boden in Größe der Springform ausrollen und backen.
Für den Biskuitboden eine Springform fetten und den Boden mit Backtrennpapier auslegen. Eier und Zucker mit dem Schneebesen zuerst im Wasserbad warm, dann außerhalb mit dem elektrischen Handrührgerät kalt und locker aufschlagen. Das Vanillemark zugeben. Mit dem Kochlöffel zuerst das Mehl und dann die flüssige warme Butter unterheben. Die Masse in die Springform füllen und backen. Dieser Boden muss nach dem Backen sofort gestürzt werden, damit er völlig eben wird.
Die Mandelblättchen auf dem Backblech verteilen und goldgelb rösten.
Für die Zwischenfüllung das Marzipan mit der Butter, dem Rum und Aprikosenmarmelade glattarbeiten. Für die Tränke Wasser, Rum und Zucker anrühren. Den Mürbeteigboden auf eine Platte legen und mit Aprikosenmarmelade bestreichen. Den Biskuit-Tortenboden dreimal waagerecht durchschneiden und das Unterteil auf den Mürbeteigboden legen. Jede Lage des Biskuitbodens nach dem Auflegen mit der Tränke gut einpinseln. Die unterste und oberste Füllung besteht aus Aprikosenmarmelade. Die Marzipanfüllung in die Mitte streichen. Backtrennpapier auf die fertig zusammengesetzte Torte legen, diese auf eine Platte stürzen und ca. 20 Minuten ruhen lassen.
Die zurückgedrehte Torte mit Aprikosenmarmelade bestreichen. Marzipan mit dem Puderzucker glattarbeiten und mit etwas Puderzucker ausrollen, auf Tortengröße zuschneiden und auflegen. Dünn mit Aprikosenmarmelade bestreichen. Die Zuckerglasur in einer Kasserolle auf Blutwärme (siehe Seite 15) anwärmen und die Marzipandecke damit glasieren. Seitlich abgelaufene Glasur abstreifen. Den Rand mit den Mandelblättchen bestreuen. Mit fertig gekauften kandierten Früchten oder Blumen garnieren.

Tipp

Dieser Mürbeteig kann jederzeit in der Menge entsprechend seinem Zutatenverhältnis variiert werden. Zucker, Fett und Mehl sind bei diesem Mürbeteig immer in einem Verhältnis von 1:2:3.

Mürbeteigboden
100 g Mehl
35 g Zucker
70 g Butter
1 Prise Salz
Abrieb von 1/2 Zitrone
1 Eigelb

Biskuitboden
8 Eier
150 g Zucker
Mark von 1/2 Vanillestange
240 g Mehl
80 g Butter

Marzipanfüllung
250 g Marzipanrohmasse
150 g Butter
80 ml Rum
50 g Aprikosenmarmelade

Zum Tränken
350 ml Wasser
200 ml Rum
30 g Zucker

Füllung
650 g Aprikosenmarmelade

Zum Eindecken
200 g Marzipanrohmasse
80 g Puderzucker
350 g Fondant
50 g Mandelblättchen

Garnitur
kandierte Früchte oder Zuckerblüten

Form
Backblech, 40 × 30 cm
Springform, Ø 28 cm

Zubereitungszeit

Backzeit
Elektro: 180 °C / 30 Minuten
Gas: Stufe 2–3 / 30 Minuten
Umluft: 170 °C / 26 Minuten

168 Festtagstorten

1 Auf die Schokoladenmasse mit den Florentinern die Erdbeersahne gleichmäßig aufstreichen.

2 Die Vanillemasse vorsichtig auftragen und die Torte ins Tiefkühlfach stellen.

Fürst-Pückler-Eistorte

Festtagstorten • *Sonstige Torten*

Backtrennpapier auf eine Platte legen, einen Springformring mit Papier auslegen, daraufstellen. Fertig gekaufte Biskuits als Boden eng aneinander legen.
Fertig gekaufte Florentiner feinhacken. Erdbeeren waschen und putzen, mit der Gabel zerdrücken, Zucker und Zitronensaft zugeben. Zartbitter-Kuvertüre feinschneiden und im Wasserbad auflösen. Eier, Eigelb und Zucker im Wasserbad warm, dann mit dem elektrischen Handrührgerät kalt und locker aufschlagen. Sahne ohne Zucker steifschlagen und unter die Eiermasse geben. 1/3 der Eier-Sahne-Masse in die Kuvertüre geben und glattrühren. Die zerkleinerten Florentiner unterheben und auf die Löffelbiskuits auftragen. Das zweite Drittel der Eier-Sahne-Masse unter die Erdbeeren rühren, auf der Schokoladenmasse verteilen und glattstreichen. Das Mark der Vanilleschote unter die restliche Masse rühren und vorsichtig auf der Erdbeermasse verteilen. Die Torte ins Tiefkühlfach stellen und über Nacht gefrieren lassen. Kurz vor dem Servieren herausnehmen. Die Sahne mit dem Zucker für die Garnitur schlagen und mit einem Spritzbeutel mit Sterntülle Rosetten aufspritzen. Je eine halbe Belegkirsche oder halbe Erdbeere als Garnitur auflegen.

Boden
150 g Löffelbiskuits

Füllung
50 g Florentiner, fertig gekauft
250 g Erdbeeren
120 g Zucker
Saft von 1/2 Zitrone
200 g Zartbitter-Kuvertüre
Mark von 1 Vanillestange

Eiermasse
3 Eier
6 Eigelb
200 g Zucker
600 ml Sahne

Für die Garnitur
250 g Sahne
20 g Zucker
Belegkirschen oder Erdbeeren

Zubereitungszeit

Kühlzeit
Im Tiefkühlfach mindestens
4–5 Stunden durchfrieren lassen.

Rezeptverzeichnis

Apfelkuchen, gedeckt 62
Apfelkuchen, glasiert 70
Apfelkuchen, Gutsherrn Art 28
Apfelkuchen, schwäbisch. 52
Apfel-Rum-Sahnetorte. 152
Apfelstrudel 90
Aprikosen-Mandelkuchen 50
Aprikosen-Rahmkuchen. 56

Baisertorte mit Rhabarber 158
Bananen-Schokoladentorte 106
Bienenstich. 26
Birnen-Schokoladen-Sahnetorte . . . 112
Birnentorte, Wiener Art 148
Biskuitmasse, Grundrezept. 12
Biskuitkuchen . . . . 74 ff.
Böhmische Nusstorte 110
Brombeertörtchen 92
Buchteln mit Zwetschgen. 42
Buttercreme, Grundrezept 14
Butterkuchen 36
Buttermürbeteig, Grundrezept 10
Butterstreusel 30

Champagner-Sahnetorte 100
Christstollen 44
Cointreautorte 132
Cognac-Sahnetorte
mit Pfirsich 160
Cremetorten. . . . . 130 ff.

Eistorte Fürst Pückler. 168
Erdbeerkuchen 76
Erdbeer-Kuppeltorte 146
Erdbeerroulade 78
Erdbeertorte mit
Schokoladenmousse 116
Erdbeertörtchen 92
Erntedank-Kuchen. 32

Florentiner Kirschkuchen 64
Florentiner Torte 130
Fürst-Pückler-Eistorte. 168

Gewürzkuchen, Nürnberger Art 86
Gugelhupf 24
Gutsherrn-Apfelkuchen 28

Hefeteig, Grundrezept. 8
Hefekuchen . . . . 18 ff.
Hefezopf 18
Heidelbeertraum 120
Herbst-Blätter-Sahnetorte 114
Herbstkuchen 34
Herz zum Verschenken 96
Himbeer-Joghurt-Sahnetorte 154
Himbeerkuchen 60, 76
Himbeertörtchen 92
Hochzeitstorte. 140

Ingwerkuchen. 84

Joghurt-Sahnetorte mit Himbeeren 154
Johannisbeergugelhupf, bayerisch . . 98
Johannisbeersandkuchen. 72
Johannisbeer-Schaumtorte. 156
Johannisbeerrötchen 92

Käsekuchen 46
Käsekuchen mit Kirschen. 48
Käse-Sahnetorte mit Mango 150
Kirschblech, Omas Art 38
Kirschenmännla, fränkische Art 94
Kirsch-Käsekuchen 48
Kirschkuchen, Florentiner Art 64
Kirschkuchen, glasiert 70
Kirsch-Rahmkuchen. 56
Kirschtorte, Schwarzwälder Art . . . 118
Kuvertüre, Grundrezept 15

Rezeptverzeichnis 171

Linzer Torte 162

Maibombe 146
Mandel-Aprikosenkuchen 50
Mango-Käse-Sahnetorte 150
Marmorkuchen 80
Marzipanrosen, Grundrezept 16
Mohnkranz, schlesische Art 82
Mohn-Sahnetorte, Wachauer Ar .. 124
Mokka-Sahnetorte 102
Mousse au Chocolat., Grundrezept 13
Mousse-au-Chocolat-Torte
mit Erdbeeren 116
Mürbeteig, Grundrezept 10
Mürbeteigkuchen .... 46 ff.

Nougattorte 134
Nussbaiser-Sahnetorte 114
Nusstorte, böhmische Art 110

Obsttorten .... 142 ff.
Orangenkranz, beschwipst 88
Orangentraum 126
Osterbrot 22
Osterkranz 20

Pfirsich-Cognac-Sahnetorte 160
Pfirsichkuchen, glasiert 70
Pfirsich-Rahmkuchen 56
Pflaumensandkuchen 72
Pralinentorte 122
Preiselbeerkuchen 54
Preiselbeer-Sahnetorte 104
Punschtorte 166

Quarkschnitte 74

Rahmkuchen (für Obstbelag) 56
Rhabarber-Baisertorte 158
Rhabarber-Rahmkuchen 56

Rhabarberschnitte, sächsische Art ... 66
Rhabarberstrudel 90
Rührteigkuchen .... 80 ff.
Rumsauce 83
Rum-Apfel-Sahnetorte 152
Rum-Schokoladentorte 136

Sachertorte 164
Sahnetorten .... 100 ff.
Sandkuchen .... 68 ff.
Sandmasse, Grundrezept 11
Schokoladen-Bananentorte 106
Schokoladen-Mousse,
Grundrezept 13
Schokoladen-Rumtorte 136
Schokoladen-Sahnetorte
mit Birnen 112
Schokoladenspäne 15
Schwarzwälder Kirschtorte 118
Silvester-Torte 138
Sommerbeeren-Torte 142
Stollen 44
Streuselkuchen 30
Sauerkirschsandkuchen 72

Tutti Frutti 144

Wachauer Mohn-Sahnetorte 124
Walnuss-Sahnetorte 108
Whiskytorte 128

Vanillesauce 95

Zwetschgenbuchteln 42
Zwetschgendatschi 40
Zwetschgenfleck 58
Zwetschgenrahmkuchen 56

Eigene Notizen

Eigene Notizen

Bücher für mehr Genuss:

Das große Buch sder Hundert Gewürze und Kräuter
von Philippe Notter u.a.

Das Grundlagenwerk über Gewürze und Kräuter von A wie Ajowan bis Z wie Zwiebel. Entdecken Sie die Geschmacks- und Gewürzvielfalt in der Küche! Ausführlicher Lexikonteil, Grundrezepte für Würzmischungen und Rezepte aus Asien, Südamerika, Afrika sowie dem Mittelmeerraum.

224 Seiten, 93 Gewürz-Porträts von A bis Z, zahlreiche Farbabbildungen und 46 Foodfotos,
ISBN-13: 978-3-7750-0418-3.

Aus Deutschlands Küche
von Horst Scharfenberg

Quer durch Deutschland, von Schleswig-Holstein nach Bayern, vom Saarland bis nach Sachsen-Anhalt und Thüringen, werden Originalrezepte aus allen Regionen Deutschlands vorgestellt. Jedes Land hat seine eigenen Gewohnheiten ur Spezialitäten entwickelt, hier findet man sie alle!

775 Seiten, mit 292 s/w-Illustration (aus alten Stichen),
ISBN-13: 978-3-7750-0415-2.

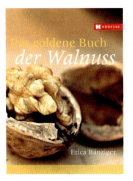

Das goldene Buch der Walnuss
von Erica Bänziger

Die Walnuss gibt Energie für Herz und Hirn und liefert köstliche Genüsse. Das Buch bietet eine ausführliche Warenkunde mit Informationen über Herkunft und Geschichte, Mythen und Bräuche, Botanik und Naturheilkunde. Exquisite Rezepte von der Vorspeise bis hin zum Walnusswein und -likör.

124 Seiten, 48 Farbfotos,
ISBN-13: 978-3-7750-0463-3.

Das goldene Buch vom Honig
von Erica Bänziger

Süßer, köstlicher Honig – ein faszini rendes Naturprodukt, das nicht nur gut schmeckt, sondern auch pflegt, heilt und kräftigt. Über 70 Rezepte für pikante und süße Gerichte, eine Warenkunde sowie Einsatzmöglichkeiten in der Naturheilkunde und Kosmetik treten den Beweis an.

144 Seiten, rund 80 Farbfotos,
ISBN-13: 978-3-7750-0431-2.

Wissen, wie's geht:

Kiehnle Kochbuch
Das grosse Grundkochbuch mit rund 2400 Rezepten

Das große Grundkochbuch mit 2400 Rezepten der deutschen und internationalen Küche: Ob Single- oder Familienküche – dieses Buch bietet wertvolle Tipps und zuverlässige Hilfe, wenn es um's Kochen, Backen, Zubereiten und Genießen geht. Mit ausführlicher, bebilderter Warenkunde für Fisch und Fleisch, Früchte, Salate, Gemüse, Kräuter und Gewürze.

Jubiläumsausgabe zum Sonderpreis mit 710 Seiten, über 300 Abbildungen, ISBN-13: 978-3-7750-0346-0.

Die Tricks und Tipps der Köche
von Hans Peter Matkowitz und Juliana Raskin-Schmitz

Soforthilfe beim Kochen von A bis Z: Ein Küchenbestseller mit über 4.500 Profi-Tipps zum Zeitsparen und guten Gelingen! Kompetenter Rat bei großen und kleinen Küchenproblemen, knapp und präzise beschrieben, mit vielen Farbfotos als klaren Arbeitsvorlagen.

255 Seiten, 255 Farbfotos, ISBN-13: 978-3-7750-0375-9.

Die Leichtigkeit des Kochens
Das Gastgeberkochbuch
von Anne-Katrin Sura

Das stilvoll-elegante Kochbuch bietet raffinierte, aber unkomplizierte Rezepte für eine Gastgeber-Schule der besonderen Art! Ob groß, ob klein, ob draußen oder drinnen, ob zu zweit oder mit Gästen: hier bekommen Sie Tipps für die perfekte Vorbereitung und zum gemeinsamen Genießen.

114 Seiten im hochwertigen Duplexdruck und 12 ganzseitigen, vierfarbigen
ISBN-13: 978-3-7750-0481-7

Brot und Brötchen selber backen
mit Rezepten für den Brotbackautomaten
von Marianna Buser

Abwechslungsreiche Rezeptideen für die hauseigene Backstube: Selbst gebacken, knusprig frisch, unwiderstehlich gut und gesund!
Mit Brot-ABC, Angaben für den Brotbackautomaten und vielen Rezepten – vom Knäckebrot zum Maisbrot, vom Kleie- bis zum Rosinenbrötchen!

97 Seiten, 35 Farbfotos, ISBN-13: 978-3-7750-0491-6.

Weitere Informationen über außergewöhnliche Genussbücher erhalten Sie kostenlos beim:
Walter Hädecke Verlag
Postfach 1203
71256 Weil der Stadt b. Stuttgart / Deutschland
Telefon +49(0)7033/138080
Fax +49(0)7033/1380813
E-Mail info@haedecke-verlag.de